CHINA MACHINE PRESS
机械工业出版社

彭海澜　著

"智"

把书要翻

《股市盈利"易则"》一书分为上、下两篇。上篇是"鳄鱼城堡"，被誉为股市"西游记"，以寓言故事的形式深入剖析股民亏损的真正原因，揭示股市盈利的秘密。从分析股市运行的基本规律和人性的弱点着手，教读者从思想上遵守规则、从行动上跨越交易陷阱，成为自律的交易者。下篇是"投资正途"，分享作者独创的、给作者带来很好投资收益并且正在使用的交易系统——股市盈利"易则"。着重介绍股市盈利"易则"的交易哲学、交易系统和操作方法，教读者认清市场、洞悉交易心理、控制自我，掌握正确的交易方法、资金管理和心理控制技巧，成为股市交易的长期赢家。本书适合对股票投资感兴趣的大众读者阅读。

图书在版编目（CIP）数据

股市盈利"易则" / 翟海潮著. — 北京：机械工业出版社，2024.5

ISBN 978-7-111-75499-2

Ⅰ.①股⋯　Ⅱ.①翟⋯　Ⅲ.①股票投资—基本知识　Ⅳ.① F830.91

中国国家版本馆 CIP 数据核字（2024）第 066097 号

机械工业出版社（北京市百万庄大街 22 号　邮政编码 100037）
策划编辑：王　涛　　　　　责任编辑：王　涛
责任校对：韩佳欣　张　薇　　责任印制：李　昂
河北宝昌佳彩印刷有限公司印刷
2024 年 5 月第 1 版第 1 次印刷
148mm × 210mm · 6.25 印张 · 105 千字
标准书号：ISBN 978-7-111-75499-2
定价：59.00 元

　　股市魅力无穷，风险也无穷。股市的魅力在于波动，波动让有的人赚得盆满钵满；股市的风险也在于波动，波动也让有的人赔得家破人亡。从呱呱坠地的那一刻起，冒险的冲动就无时无刻不在咬噬人们的心灵，所以才有如此多的人到股市捕捉"黑马"时显得精神百倍。

　　股市投资的目的就是赚钱，但是真正长期持续赚钱的投资者凤毛麟角。有一组数据显示，股市中一成股民赚钱，二成股民持平，七成股民赔钱。为什么只有10%的投资者能持续获利？这是因为大多数人的思维方式有一个基本问题，就是头脑的运作方式中有一些与股市的特性不相符合。股市的随机性与交易者追求确定性之间存在着不可调和的矛盾，人性固有的弱点如贪婪与恐惧、期望与侥幸、轻信与盲从、自负与顽固等，注定了大多数股民是失败者。"一分耕耘，一分收获"通常是对的，但股票市场并非如此。更多、更好的分析并不能保证投资者在股市中赚钱，投资者的情绪和思维方式才是决定盈亏的关键。

如何跻身10%的赢家行列？笔者通过对股市多年的潜心研究和亲身实践，以及经历大损失、大痛苦之后的深入思考阐明：要想成为股市长期赢家，必须克服人性的弱点，跨越交易的陷阱，成为自律的投资者。成功的投资者专注于他们的交易系统，而失败的投资者专注于交易结果，在兴奋和痛苦的情绪中徘徊。当投资者能够通过交易系统而不是交易结果来界定成败，以过程为导向时，就能够控制自己的交易表现。心理越平和，操作绩效就会越理想。

股市中什么情况都可能发生，亏损随时可能出现，投资者必须接受诸事不顺的现实。许多投资者输不起，情绪随股价波动，在下跌的趋势中不断补仓，千方百计地为自己的行为辩护，甚至自欺欺人。要知道，止损是投资的第一要义。作为股市交易者，你必须懂得自律和耐心的重要性，因为无论你赚了多少钱，如果不能自律，迟早会把这些钱还给市场。大量实战经验表明：坚守规则，保持耐心，市场就会奖励你！违背原则，急躁冒进，市场就会惩罚你！

股市投资书籍浩如烟海，其中不乏又厚又重的著作，事实上很多复杂的事情可以简单化，这类书籍可以写得轻松易懂。本书就是基于这种想法写成的，希望能向读者传授最简单、最有效的股市交易技巧和心态管理方法。

本书分为上、下两篇。

上篇"鳄鱼城堡"，被誉为股市"西游记"，以寓言故事的形式深入剖析股民亏损的真正原因，揭示股市盈利的秘密。以寓言故事的形式写股市是本书的创新，从分析股市运行的基本规律和人性的弱点着手，教读者如何从思想上遵守规则、从行动上跨越交易陷阱。

下篇"投资正途"，旨在分享笔者独创的、给自己带来很好投资收益并且正在使用的交易系统——股市盈利"易则"。"易则"基于"变易""不易""简易"三大原则。所谓"变易"，是说股市变化无常，股市中唯一不变的是"变化"，股市中唯一确定的是"不确定"。所谓"不易"，是指股市几百年来基于人性的东西始终没有改变，贪婪、恐惧、主观与偏见，使股市在牛市、熊市之间循环。股市是基于经济和人性的复杂系统，虽然变化无常，但又有一定的规律可循。所谓"简易"，就是不要把简单的事情复杂化，最有效的分析工具往往是最简单的。

本书是笔者在 2008 年的大熊市中经历大损失、大痛苦之后，对股市多年的潜心研究和亲身实践的结晶，是对自己 20 余年股市投资经验的总结。2009 年以来，笔者按照股市盈利"易则"操作，并不断完善，躲过了 2015 年下半年开始的熊市，尤其是 2016 年初的熔断，躲过了 2018 年因贸易摩擦所造成的大跌行情，还躲过了 2022 年因世界局部战争等因素造成的股市大跌，多年来取得了年均复合增长率 20% 以上的投资业绩。

本书适合对股票投资感兴趣的大众读者阅读。希望本书能使广大投资者受益，也恳请各位股市专家和高手批评指正。

瞿海潮

2024 年 3 月

目 录

下篇 投资正途：股市盈利 "易则"

"鳄鱼城堡"：
股市盈利的秘密

本篇以寓言故事的形式深入剖析股民亏损的真正原因，揭示股市盈利的秘密。从分析股市运行的基本规律和人性的弱点着手，教投资者从思想上遵守规则、从行动上跨越交易陷阱，成为自律的交易者。

第一章

梦碎"奥运行情"

一

2008年8月8日，北京奥运会开幕当天，上证指数大跌122点，跌幅近5%。满仓期待"奥运行情"的顾莉莉又一次遭受沉重打击。从2008年初至今，她已经亏损近60%。晚上，她躺在床上冥思苦想，究竟是什么原因导致自己惨遭失败？她心如刀绞，越想越睡不着，不知不觉中时针已指向凌晨5点。她想，冲一个冷水澡也许能让自己冷静下来，暂时忘却伤痛。

冲完澡，顾莉莉感觉肚子有点饿。因为心情不好，她昨晚没有吃饭。她想起每天凌晨5点前送货员会把她订购的牛奶送到户门外的报箱里，于是她通过户门上的猫眼向外探望，发现楼道里除了昏暗的灯光，四下无人。于是，只裹着浴巾的她轻启户门走到门外，打开挂在墙上的报箱取出牛奶。当她拎着牛奶要回屋时，忽然一阵风吹来，只听咔嚓一声，门被风关上了，顾莉莉被锁在了家门外……

她吓出了一身冷汗，抱怨风的同时也埋怨自己粗心大意。为了避免吵醒邻居，她轻轻叩门，并小声喊着她爱人的名字，但她敲了很久也没有得到回应。她爱人昨晚看奥运会开幕式直播一直到深夜，现在正在熟睡。犹豫间，她好像顿悟了什么。"这阵风来得猝不及防，不正像股市中所说的系统'风'险吗？眨眼间就令我狼狈至此。如果我早有准备也不至于如此难堪，就像我买入的股票下跌时，如果能及时止损，也不至于像现在这样一败涂地啊！"

正想着"风"险的事，她忽然听到对门邻居家有人在开门。她大惊失色，因为无处可躲，便猛地冲向电梯，闪身躲了进去。在电梯门关上的一刹那，她看到原来是邻居王大叔出来取牛奶。正当她庆幸自己急中生智之时，电梯已经启动。她抬头一看，电梯已从她住的 18 楼降到了 3 楼，连连暗叫"不好"。当电梯门在 1 楼打开时，几个正准备上楼的人看见拎着牛奶、惊慌失措的顾莉莉时，吓得发出了一阵尖叫声……

顾莉莉冥思苦想间，回忆起自己的炒股经历，还想起她的炒股朋友杨小妹、牛大哥和熊大叔，他们肯定和自己一样夜不能寐，因为他们也一起赌定了"奥运行情"。

顾莉莉大学毕业后被分配到一家国有企业做财务工作，后来她所在的企业改制上市，她算是国内接触股票比较早的一批人。后来，听到同事炒股挣钱了，她蠢蠢欲动，于是在 1999 年下半年开立了股票账户，把她和爱人几年来积攒的 3 万元投到了股市。

开始时，顾莉莉对炒股一窍不通，基本是靠朋友推荐或听股评来选股和买卖。当时互联网还不发达，股民主要通过广播、电视、报纸上的股评了解股市信息，通过打电话买卖交易股票。起初，顾莉莉非常迷信股评家和投资顾问，直到后来上了一次让她终生难忘的当。有一次，她听信电视里诱人的广告宣传"股票专家指导你每月获得 20%～50% 的收益",花 1000 元购买了深圳某股票咨询公司所谓的"一对一"顾问式服务,并买入"一对一"顾问张先生推荐的股票。这只股票买入两天后就上涨了,于是她加了仓。但后来一路狂跌,顾莉莉被深度套牢,损失惨重。

有了这次教训,顾莉莉不再盲目听信那些所谓"股票专家"的建议,开始学习股票知识,对基本面分析、技术面分析有了一些初步了解。顾莉莉清楚地记得,当时她炒股十分上瘾,经常高抛低吸。买入后有一些盈利就兴奋得不得了,赶快卖出获利了结;买入后跌了心里就难受,越跌越补仓。她当时运气还不错,跌下去的股价不久又涨上来,现在想来可能当时是牛市,因为牛市里股票往往是涨多跌少。

顾莉莉在股市里挣到一些钱后,有些飘飘然,觉得自己了不起,开始贪婪起来。由于懂得了一些 K 线、均线等股票知识,她开始迷信技术分析,热衷于抄底逃顶、频繁操作。尽管顾莉莉是一个性情平和的人,但买卖起股票来往往不能控制自己。赚钱时,她情绪高涨,想赚得更多;赔钱时,她情绪低落,总想把损失夺回来,不但不止损,还逆势加仓,期望股价会反弹,结果损失越来越大。她感觉买股票就像坐过山车,赚了又赔,赔了又赚。2002 年前后,熊市来了,她所持的股票大跌,被严重套牢。她索性不管不问,采取回避态度，就像鸵鸟把头扎进沙子里，几年没有关注股市。

2005 年，顾莉莉的爱人创业的公司发展得不错，她便辞职当起了全职太太。2006 年春天，她爱人听一个朋友说最近炒股收益翻倍，便问顾莉莉几年前买的股票怎么样了，顾莉莉这时才想起自己的账户还有持仓。查看账户后发现，几年前投入股票的钱不但回了本，还盈利了 6%，顾莉莉激动万分。

顾莉莉的爱人看出她对股票还是很有兴趣，同时也怕她一直闲在家与社会脱钩，便给了她 100 万元资金炒股。就这样，顾莉莉又重新踏上了股市投资之路。她通读了十几本股票类书籍，对基本面分析和技术面分析有了更深入的了解，懂得了如何选择绩优股，明白了止损的重要性。她吸取以前炒股的教训，如今买的都是她认定的绩优股。到 2007 年国庆节前夕，她在一年多的时间里挣了 150 万元，感觉好极了，觉得股市真是一个挣钱的好地方！

在 2007 年 10 月 16 日（上证指数最高 6124 点）至年底（5261 点）的股市调整中，顾莉莉没有减仓止盈，挣到的钱又回吐了一部分。不过还好，年末账户净值还有 203 万元，仍盈利 100 多万元。顾莉莉总结反思后，制定了用基本面选股、用技术分析确定买卖时机的操作原则，决定 2008 年按这一原则交易，大干一场。

　　2008 年 1 月 2 日，首个交易日 A 股开门红，上证指数收 5272 点。1 月 14 日，上证指数反弹最高到 5522 点（收 5498 点），之后开始调整。随后几天，顾莉莉没有减仓，认为股市只是暂时性回调，上涨趋势依旧。然而，紧接着美国发生次贷危机，1 月 21 日上证指数大跌 166 点至 4914 点，股价跌破 60 日均线。

　　面对突如其来的"黑天鹅"，按照顾莉莉制定的交易原则，这时她应该减仓，但她没有减仓。她认为 A 股是独立的，受美国次贷危机的影响不会太大，之后就会反弹。没想到中国平安 1600 亿元再融资的消息造成股市再次大跌，1 月 22 日 A 股上证跳空低开，大跌 364 点至 4559 点，达到一年来单日最大跌幅。顾莉莉此时仍认为，大跌之后必有大涨。但没想到，1 月 28 日上证指数又大跌 342 点，1 月 31 日上证指数收 4383 点，跌破了年线。顾莉莉此时才隐隐约约地意识到，股市可能要进入熊市了，这时应该清仓。但她还是没有清仓，因为她觉得这时斩仓"割肉"太亏了。

　　跌破年线后，管理层开始放行新股票基金发行，顾莉莉感觉股市跌到了政策底（"地板价"），心想管理层不想让股市走熊，这次不可能再跌了，一直对股市反转和政府救市抱有期望。期望是美好的，但阻挡不了股市的继续下跌。2008 年 4 月 22 日，上证指数跌破 3000 点，跌到了令人不敢相信的"地窖价"。随后政府出台降低印花税（由3%降到1%）的措施救市，股市开始反弹。这时顾莉莉又额外追加了100万元，心想这次可以挽回以前的损失了，4月30日已满仓操作。

随着股市反弹，顾莉莉的股票账户净值不断增加，她的心情也由阴转晴。可没想到，好景不长。5月6日，上证指数反弹到3786点后又开始下跌，顾莉莉没能及时减仓。6月6日，原油期价突破140美元一桶，美股大跌，全球经济增长预期大减，股民信心降至冰点。6月7日，上证指数大跌257点，这时顾莉莉又被套牢，更舍不得"割肉"了。6月12日，上证指数再次跌破3000点后一路下滑。6月30日，上证指数最低跌到2693点（收2736点），又跌到了"地狱价"。

2008年，互联网快速发展，股民大多通过网上交易软件买卖股票，交易变得轻而易举。但是，顾莉莉与杨小妹、牛大哥和熊大叔这几位股友仍然经常去附近的证券营业部聚一聚，为的是感受营业部的交易气氛。

杨小妹生性犹豫，是"羊群效应"的典型代表，她没有自己的交易原则，时常按"股票专家"的建议操作股票。牛大哥生性乐观，自负、急躁、冲动，经常追涨杀跌，是股市中的频繁交易者。熊大叔生性悲观，办事谨慎、细心，还有点顽固，感觉股票越跌越有价值，越跌越补仓，属于逆势交易者。而顾莉莉属于性格相对平和、容易与人相处的那种人。尽管彼此性格差异很大，顾莉莉还是和他们成了好朋友。

2008年上半年，上证指数大跌48%，顾莉莉亏损50%，杨小妹亏损60%，牛大哥亏损70%，熊大叔亏损40%。他们心情沉重，更需要聚一下，以缓解彼此的压力。

2008年7月3日，上证指数最低跌到了2566点（收2703点）。这时新华社、《人民日报》、各大证券报开始发出"维稳"的声音，股市开始反弹，7月28日上证指数反弹到2903点。北京奥运会临近，管理层又频频发出"维稳"的声音，顾莉莉相信一定会有一波"奥运行情"，心想必须要趁这次机会挽回以前的巨大损失。

7月30日，顾莉莉、杨小妹、牛大哥、熊大叔又一次相聚于证券营业部，他们谈论着各大媒体的报道，期待着"奥运行情"的持续。尽管他们平时的观点分歧很大，可这次他们取得了惊人的一致，决心满仓赌一把"奥运行情"，把今年的巨大损失夺回来。顾莉莉又向她爱人要了100万元，7月31日满仓杀入。其实，顾莉莉当时也明白，按照自己制定的交易原则，按技术面分析7月31日上证跌破2800点（收2775点）应该清仓，而她却选择了赌"奥运行情"满仓买进。满怀着对管理层"维稳"和"奥运行情"的期望，加上企图挽回上半年损失的迫切心情，顾莉莉把自己的交易原则全抛到了脑后。她安慰自己说，这是最后一次冒险，等挽回损失后一定按照原则操作。

2008年8月8日北京奥运会开幕当天，A股大跌，这无疑是给了顾莉莉、杨小妹、牛大哥、熊大叔一次无比沉重的暴击，可谓雪上加霜。

前面说到顾莉莉一夜未睡，凌晨5点在户门外取牛奶时遭遇尴尬的故事。后来，顾莉莉上楼后用力敲门，她爱人才被吵醒为她开了门。她回家喝完牛奶后，天已大亮，窗外有人在播放刘欢和莎拉·布莱曼在北京奥运会开幕式上演唱的主题曲《我和你》。

我和你，心连心
同住地球村
为梦想，千里行
相会在北京
……

一夜未眠的顾莉莉躺回床上，她左思右想，因为没有防范"风"险，她一步错，步步错，今年炒股损失还真像坐电梯，转眼间就把她从 18 楼无情地抛到了 1 楼。

股市的魅力在于波动，波动让有的人赚得盆满钵满；股市的风险也在于波动，波动也让有的人赔得家破人亡。如果你让一个人进天堂，就让他到股市；如果你让一个人下地狱，也让他到股市……这是顾莉莉的切身感受。

顾莉莉想：股市中一成股民赚钱，二成股民持平，七成股民赔钱。为什么只有一成的交易者能持续获利？怎样才能跻身于这一成的赢家呢？想来想去，她在不知不觉中睡着了。睡梦中，她好像听到一个声音在向她呼唤："到'鳄鱼城堡'去，那里有股市盈利的秘密！"

第二章

梦寻"鳄鱼城堡"：跨越交易的陷阱

四

恍惚中，顾莉莉踏上了去往"鳄鱼城堡"的路。她沿着一条林荫大道走了很久，然后进入一片一望无际的麦田，郁郁葱葱的麦苗在清晨的阳光和蓝天白云的映衬下显得生机勃勃。走在麦田中间的一条小路上，微风拂面，顾莉莉心情舒畅，边走边跳，嘴里还哼起了《在希望的田野上》。

我们的家乡

在希望的田野上

炊烟在新建的住房上飘荡

小河在美丽的村庄旁流淌

……

走着走着，她感觉好像有什么东西在追随着她。她回头一看，发现是一只可爱的小羊。她停下脚步，小羊赶上来问她："姐姐，你是去'鳄鱼城堡'吗？"

"是啊，你去哪里啊？"

"我也去'鳄鱼城堡'，姐姐，你带我去吧！"小羊细声细气地恳求道。

"你去'鳄鱼城堡'干什么？"顾莉莉问小羊。

"姐姐，我上半年炒股亏损了 60%，几年的积蓄几乎都搭进去了。我昨晚做了一个梦，有一个声音告诉我去'鳄鱼城堡'就能找到股市盈利的秘密，所以清早一起床我就出门了，我不知道路，稀里糊涂地就来到了这片麦田。"小羊边说边抹眼泪。

顾莉莉此时才意识到自己也不知道路，但她相信"鳄鱼城堡"就在前面，于是她和小羊一起继续前行。

"姐姐，你去'鳄鱼城堡'也是为股票的事吗？"小羊一个姐姐接一个姐姐甜甜地叫着。

顾莉莉点了点头，脸上露出一丝哀伤。小羊感觉与顾莉莉同病相怜，于是话多了起来："姐姐，我再也不相信那些'股票专家'的话了，他们把我害惨了！"

顾莉莉想，自己刚入市那会儿不也是这样吗？由于缺乏股市知识，面对众多股票不知所措，听信别人买股票经常将自己置于险境，盲从的结果往往是上当受骗或惨遭失败。

顾莉莉对小羊说："所谓的'股票专家'大多是事后诸葛亮，价格上涨，看好后市；价格下跌，看空后市。这是他们最乐意干的事情，千万不要轻信。'股票专家'的言论从来都是看多、看平、看跌三种观点，只要发表其中任意一种观点，就有 33.33% 说中的概率。有幸言中的，就可以充当一回'股神'。倘若言不中，反正还有一块'股市有风险，入市需谨慎'的挡箭牌。"

"姐姐说得太对了，我前两年跟着一位股票分析师高抛低吸挣了一些钱，就把他当成'神'了，他总是看多，并且大部分时间都说对了，所以我很崇拜他。今年他继续看多，甚至说上证指数会站上 1 万点，把我害惨了！"小羊生气地说。

"'股票专家'以前的成功只代表过去，并不代表现在也能成功。你以为他们真的会那么无私、完全出于他们的善良本性向你提供信息？有些股评家、投资专家本身就有'庄家'背景，往往会推荐对'庄家'有利的股票，吸引散户买入，抬高股价以便'庄家'出货，这里面有许多陷阱。"顾莉莉继续说。

"我们羊家族天生具有从众心理，特别喜欢听小道消息，迷信'股票专家'，要不怎么会有'羊群效应'呢！"小羊调皮地说道。

"股市中充斥着大量资讯和信息，正式的和非正式的，积极的和消极的，利空的和利多的，传闻、猜测、流言蜚语满天飞。大量的资讯和信息中有价值也有陷阱，需要你去鉴别、分析，去伪存真，合理地加以利用。"顾莉莉说道。

"我不知道怎样分析信息，总是跟着大家走，大家买进时我就买进，大家卖出时我就卖出，结果造成极大损失。"小羊接着说。

"盲目跟风是最糟糕的炒股方式。当大众对股市前景普遍看好，股价疯狂上涨、人人都在买进时，反而会使股价下跌，股市投资需要逆向思维。"顾莉莉接着说道。

"姐姐，道理我懂，可我不知道如何买卖股票，常常无所适从，总是跟着感觉走。觉得'应该'涨了，就去买入，觉得'应该'跌了，就去卖出……结果，损失惨重。我经常为此烦恼不已，所以要到'鳄鱼城堡'去取经。"小羊一脸一筹莫展的样子。

顾莉莉好像忘记了自己今年也损失重大，摆出一副好为人师的架子，对小羊说："炒股不能依赖股评，更不能跟着感觉走。对别人的建议要三思而后行，不可轻信，更不能迷信。朋友的建议可能会使你盈利几次，但长期盈利要靠自己，你需要学习股票知识，一定要有自己的判断和自己的买卖原则。"

顾莉莉与小羊一边走一边聊，突然发现前边有一头牛横在路边，小羊很害怕，一下子抱住了顾莉莉的腿。

五

顾莉莉向前走了几步，发现是一头公牛正卧在路边休息。这时小羊才松了一口气，上前问公牛："牛大哥，你怎么了？"

"我要去'鳄鱼城堡'，由于走路太急，刚才不小心被路边的石头绊倒，扭伤了脚。"公牛瓮声瓮气地说。

顾莉莉蹲下来，查看了一下公牛扭伤的脚，说道："牛大哥，我们也去'鳄鱼城堡'，一起走吧，好有个照应。"这时一只喜鹊从他们身边飞过，喳喳地叫了几声。公牛听到喜鹊叫很兴奋，立即站了起来。

"喜鹊叫，好事到！赶快走！这下我扳本有望了！你们是去'鳄鱼城堡'寻找股市盈利秘密吧？"公牛急匆匆地问道。

小羊问："牛大哥，你今年炒股也亏损了？"顾莉莉和小羊一起搀扶着公牛，公牛一瘸一拐地往前走。

"不瞒两位妹妹，本大哥前两年炒股总是盈利，今年不知怎的被套牢了，到'鳄鱼城堡'取取经，回来把损失夺回来。"公牛充满自信地回答道。

公牛又说："炒股不就是追涨杀跌吗？我看到哪只股票要涨马上买进，盈利了就马上卖出，还经常盯着涨停板，2006 年和 2007 年挣了不少钱。"

"牛大哥，你太厉害了！你那么勇敢和自信，而我总是犹犹豫豫，我要有你一半就好了。"小羊羡慕地说。

看得出来，公牛是一个"性情中人"，他毫不掩饰自己今年的损失，继续说道："不知道今年怎么了，频繁地追涨杀跌不灵了，越追越亏损，越亏损越追，越追越发疯，我好像得了'疯牛病'，急躁、冲动，不能控制自己，上半年竟然亏损了 70%。"

顾莉莉心想：牛大哥这是过度自信了，前两年牛市普涨行情中，不管采用哪种方式都能挣到一些钱。而今年股市进入熊市，当牛大哥操作出现连续性的错误时，特别是在买了就跌时，情绪变得异常急躁，急于挽回损失，常常采取加快交易频率、追涨杀跌等手段，结果导致失误一再出现。很多时候，交易者就是在这种伴随着急躁情绪的恶性循环中一败涂地的。

公牛看到顾莉莉在沉思，问道："大妹子，你是怎么亏损的？别担心，损失一定会赚回来的！"

顾莉莉回答："牛大哥，我们都是被前两年上涨的牛市气氛迷惑了。今年 A 股的走势谁也没有预料到，对于突如其来的美国次贷危机这只'黑天鹅'，我们应对不足，对突其来的损失无所适从，急于挽回损失，都是在进行情绪化操作。你是太自信，频繁交易；我是满怀期望，赌政府会救市，从而冒险加仓、重仓交易。"

现在回想起来，顾莉莉感觉自己今年的操作确实很可怕，为了挽回损失竟然拿出全部资金去冒险，其实这是一种赌博行为。重仓交易的危险性是显而易见的，哪怕发生一次失误，交易者就可能再也没有翻身的机会。重仓的诱惑在于交易者的眼睛只看到其所可能带来的暴利，而忽视了其必然会带来的高风险。这种高风险在期货、股市之类的高杠杆交易中可以被放大到瞬间爆仓的可怕程度。

公牛觉得顾莉莉的分析很在理,说道:"你说得太对了!今年年初35家证券机构和专家预测2008年A股上证指数将在4000～7000点运行,甚至有的机构预测上证要上1万点,我就是看到这些预测才变得如此自信的。年初,我同时操作十几只股票,频繁短期交易,结果被深度套牢。后来急红了眼,为挽回损失,增加了交易频率,结果可想而知。"

小羊好像明白了什么,插言道:"牛大哥,我今年也输急了,精神压力巨大,以致失眠、脾气变坏,也像你一样频繁买卖。看来过度交易对股票投资者来讲是百害而无一利,每笔交易盈利目标小,往往是赚和亏相抵消;过度交易加重仓交易,容易引发大亏损,多做多错。"

顾莉莉接着说:"赚钱后,交易者往往觉得自己很了不起,容易做一些草率的交易,结果把赚到的钱又还给了市场。许多投资者盲目自信,认为自己能预测一只股票的峰和谷、顶和底,高抛低吸,抄底逃顶频繁操作,贪婪成性,结果频频被套。"

公牛现在认识到:前两年自己做对了很多次,挣了些钱其实没什么了不起,可能恰恰是前两年的成功产生的过度自信导致了今天的失败。如果要想在股市交易中获利,却没有学会如何在自信和自制之间追求健全的平衡,而是内心膨胀、贪婪成性、急于成功，就必然会频繁交易，把仓位放得很重，结果是市场的轻微波动就能让自己输得很惨。

通过交流，他们三个都明白了：频繁交易的危害绝不仅仅是大大增加了交易成本，还会在市场处于单边上涨状态时错过获利机会，更可怕的是可能会由于判断错误或"黑天鹅"不期而至，导致在买入后遭遇暴跌，陷入深度套牢。

顾莉莉与小羊、公牛一边走一边聊，不知不觉中已经走出了麦田，眼前有两条路，一条是通往一个小镇的大路，另一条是通向森林弯弯曲曲的小路，该走哪条路呢？

六

当他们正在琢磨走哪条路时，一只狐狸走了过来。小羊问狐狸去往"鳄鱼城堡"的路怎么走，狐狸指了指小镇后就往森林的方向跑去了，公牛怀疑狐狸在骗他们。

小羊说："牛大哥，你不用疑神疑鬼，正好到中午了，我们肚子也饿了，先到小镇上吃点东西休息一下吧，大不了走点冤枉路再原路返回。"

公牛一想也是，自己确实是饥肠辘辘了，顾莉莉也同意小羊的想法。

走进小镇里，他们发现村民正在赶集，人来人往，叫卖声震天。他们路过一条美食街，在一家餐摊坐下，叫了吃的喝的，顺便歇歇脚。饭间，小羊去不远处的厕所小解，好久没有回来。顾莉莉不放心，去厕所寻找，发现小羊闹肚子了。当她们从厕所出来时，一只猴子跳过，吓了她们一跳。吃完饭，他们起身出发，问餐摊老板去往"鳄鱼城堡"的路，老板说小镇外的麦田边有一条通往森林的小路，穿过山林就可以看到"鳄鱼城堡"了。

他们果然上了狐狸的当，不过关系不大，只当休息一下。他们酒足饭饱之后，浑身是劲儿，沿原路返回走向通往森林的小路。走进森林后，光线顿时暗了下来，顾莉莉紧随公牛往前走，小羊则十分害怕地拉紧了顾莉莉。

公牛说："别怕！有我呢。"正说着，突然有一只猴子从森林中飞了出来，落到了公牛背上，公牛吓了一跳，大喊一声，把顾莉莉和小羊吓了一个趔趄。顾莉莉发现正是刚才在小镇上碰到的那只猴子，一只会飞的猴子，她顿时变得心烦意乱。

猴子问道："你们是去'鳄鱼城堡'吧？沿着这条路走出森林就到了，你们慢慢走，我先行一步给鳄鱼大王报信去。"猴子说着就飞走不见了。

他们继续往前走，远处不断传来乌鸦的叫声，更增添了几分恐怖。走着走着，小羊突然尖叫一声抱住了顾莉莉的腿，她说看到前方有一个巨大的黑影躲进了森林。公牛向前望了望，什么也没有。公牛让小羊别疑神疑鬼，顾莉莉说可能是小羊由于过度害怕而产生的幻觉，于是他们继续往前走。

往前走了100多米，突然有一个什么东西从森林中窜出跳到他们身后。顾莉莉听到响声一惊，当她回头看时发现竟然是一头老熊。

老熊突然一惊，咆哮起来："别打我！我天生胆小。"小羊和公牛也围了上来，老熊吓得浑身打哆嗦，喊道："别伤害我！你们肯定是到'鳄鱼城堡'去的，我要跟你们一起去！"

小羊问道:"熊大叔,你怎么知道我们要去那里?"

"我反复打听过了,这条路是通往'鳄鱼城堡'的,并且是唯一的一条路。"老熊回答说,看来老熊比较细心和谨慎。

"那你不赶快赶路,躲到林子里干什么?"公牛问道。

"我听到乌鸦叫,身上打战,不敢前行了。"老熊回答说。小羊看到老熊的样子觉得很好笑,她还从来没有见过这么胆小的熊。

"哈哈,我是听到喜鹊叫就发疯,你是听到乌鸦叫就心颤,都是被今年的股市行情闹的吧?"公牛对老熊说道。

老熊有点哽咽,心情十分沮丧地说道:"大牛,你说得太对了!我其实十分细心,买卖股票也非常谨慎,一般选的都是几元钱的低价股,市盈率也很低,前两年挣了些钱,不知道今年是怎么了……"

顾莉莉心想:市盈率低或股价低的股票不一定就是好股票啊,便宜没好货,好货不便宜。股票价格很低,很有可能是因为该上市公司业绩太差或前景堪忧。对于低市盈率的股票来说,很有可能是公司的估值不好,没有成长性。

公牛没等老熊说完,又急切地问:"熊叔,你那么谨慎,怎么还会输呢?"

"我觉得我熟悉这几家公司,前两年都给我带来了很好的收益。我是看着公司的财报买卖的，觉得这些公司很有价值啊！所以越跌越补仓，因为我觉得越跌越有价值啊！没想到亏损如此严重。不过，上半年上证下跌了 48%，我损失了 40%，还算是跑赢大盘了。"老熊有点顽固，不服输地说。

小羊说道："熊大叔，你是爱上了曾经给你带来不菲回报的股票了吧，一个企业很难永远保持良好增长，当企业业绩不及预期时，股价也会快速下跌，我自己也吃过这方面的亏。投资股票不是谈恋爱，你可以去爱一个人、爱一只小动物，但不要迷恋一只股票。"

"熊大叔，牛市中'垃圾股'的股价也会飞上天，熊市中几乎所有的股票都伴随大盘下跌，即使是'绩优股'也不例外。熊市中大部分股票的跌幅都很大。"顾莉莉好像又忘了自己今年的亏损，给老熊上起了课。

老熊觉得顾莉莉和小羊说得都很有道理，他想：当趋势下跌时，买入的股票不断亏损，自己不断买进"摊低成本"，越跌越补仓，结果损失越来越大。逆势加仓就像去接一把下坠的匕首，会斩伤自己的。逆势交易的危害性，与重仓交易的情况不太一样。如果说重仓交易可能让投机者"猝死"，那么逆势交易大多数时候是让投机者慢慢地"死"，就像温水煮青蛙。

"谢谢两位小妹的提醒！我现在明白了，逆势加仓是一种风险极高的投资行为。我是被前两年股票大涨的牛市气氛迷惑了，没有认清今年已经进入熊市，应对熊市本来应该是我们熊家族的特长，知易行难啊！避免大亏的方式就是尽早远离熊市，越早越好。"老熊自豪地说道。

他们边走边聊，有说不完的话。尽管各自的性格不同，做股票的方法各异，造成今年亏损的原因也各不相同，但他们有一个共同点，就是输不起。当他们遭遇股市的"黑天鹅"之后都急红了眼，急于挽回损失，失去了理性，情绪化交易给他们造成了巨大损失。他们感觉同病相怜，很快成了好朋友。

经过长途跋涉，他们终于走出了森林，视野突然开阔了起来，前方是一片辽阔的草甸，一条小河弯弯曲曲地通向村庄，此时夕阳西下，村庄里炊烟袅袅。抬眼望去，跳过村庄，远处是一座小山，山丘就像一个鳄鱼脑袋，山上的一块岩石像鳄鱼的眼睛，山丘上一座红色屋顶的银色城堡隐约可见。他们兴奋极了，一起大喊："'鳄鱼城堡'，我们来了！"

走着走着，夕阳从"鳄鱼城堡"处落下了，天色顿时暗了下来。看来今天是赶不到"鳄鱼城堡"了，他们只好走进村庄，准备到村庄借宿一晚，明天一早再出发。

七

　　走到村庄时已近黄昏，他们借宿在一户村民家中，小羊与顾莉莉住一间，公牛与老熊住隔壁的另一间。晚饭后他们上床睡下了，公牛和老熊很快就睡着了，鼾声四起，像比赛似的一个比一个打得响，吵得小羊和顾莉莉无法入睡，但毕竟经过了一天的劳顿，她们两个最后也睡着了。

　　顾莉莉又做起了梦，感觉像是回到了中午，她和小羊、公牛三个在麦田尽头小镇的餐摊吃午饭。午饭间小羊一直没有出现，她去厕所寻找没有找见，一只猴子跑过来热心地问顾莉莉在找什么。顾莉莉说小羊不见了，猴子向不远方指了一指说："我刚看见一个人把一只小羊劫走了，应该就是她，快去追吧！"顾莉莉顺着猴子手指的方向急忙追去，并让猴子顺便告诉公牛一声她去找小羊。

　　顾莉莉没能追回小羊，两手空空地回来了，发现公牛也没了踪影，餐摊老板说公牛跟一只猴子走了。顾莉莉伤心极了，小羊没了，公牛也被猴子骗走了。她出门去找，一边走一边哭。这时一只喜鹊跟随着她喳喳直叫，顾莉莉想，莫非有什么好事在等着自己？

当她沿着集市来到小镇的一个水塘边时，发现一个穿着时髦的女子坐在水边，哭得比她还伤心。顾莉莉很同情她，就问她哭什么。这名女子告诉顾莉莉，她是来赶集的，走累了在水边歇歇脚，洗了一把手，却不小心把她爱人送的15克拉钻戒掉进了水里，这可是稀世之宝。顾莉莉说："那你赶快下去捞呀！"那女子说自己不会游泳，如果顾莉莉帮自己捞上来，她愿意付250万元酬劳。

顾莉莉一听喜出望外，心想：这下可好了，得到这笔钱，不但能补回今年股市的损失，还有富余！她看周围没人，连忙脱下外衣跳下水去捞钻戒，但钻戒没捞到，只捞到一只鞋。当她从水里爬上来时，她的外衣、背包都不见了……

顾莉莉突然大叫一声惊醒了，把小羊吓了一跳，小羊赶忙问顾莉莉怎么了。

"我刚才做了一个噩梦，你和牛大哥在咱们今天中午吃饭的那个小镇上被一只猴子骗走了，我的外衣和背包也被一个女人骗走了，是喜鹊和那只猴子一起干的。"顾莉莉边说边摸了摸枕边的背包，背包还在。小羊不久又睡着了，而顾莉莉吓出了一身冷汗，躺着睡不着。

顾莉莉分析自己刚才做的梦，琢磨自己为什么连续受骗。小羊被劫走了，她盲目听信猴子的意见去找；牛大哥也被骗走了，自己惊慌失措；后来贪图钱财又被一个女人骗了，外衣和背包都被骗走了，就像自己凌晨取奶时遭遇的尴尬。她心想：股市交易中不正是轻信他人、惊慌失措、急于补亏、重仓交易等不良心态和行为才导致交易者发生严重亏损甚至输得精光的吗？

当人们感受到压力时，非理性行为就会增加。在面对损失时，行动急迫性会受到强化。对于大多数人来说，面对巨大的亏损，做出理性的决策几乎是不可能的，情绪化操作屡见不鲜。在股市中最难做到的一点就是：承认损失，及时止损。

八

第二天一早，他们向着"鳄鱼城堡"继续前行。走出村口，发现前面是一个三岔路口，一条路沿着小河弯弯曲曲通向"鳄鱼城堡"，另一条是隐约可见的小路，很明显是通往"鳄鱼城堡"的捷径，他们心情急切地走向了那条小路。

金色的阳光照在远处的小山上，红色屋顶的银色城堡更加清晰可见，城堡下边鳄鱼的"眼睛"好像在闪闪发光。这时，狐狸、猴子过来迎接他们，喜鹊和乌鸦也在空中叫个不停，招呼他们前行。

狐狸来到他们面前说道："'鳄鱼城堡'近在咫尺，我带你们过去。"小羊听到狐狸的话后跟随其后，走在最前面。公牛听到喜鹊叫就兴奋得发疯，紧随其后大步向前。顾莉莉看到猴子上蹿下跳就心烦意乱，昨晚被猴子欺骗的梦境仍萦绕在心头，于是走在公牛后面。老熊听到乌鸦叫就胆战心惊，尾随在他们三个之后。

走着走着，小羊突然感到脚下的草坪发软，猝不及防地掉入了一个陷阱，公牛紧随其后躲闪不及也掉了进去，顾莉莉看到陷阱紧急止住了脚步，差一点就掉进去了！老熊看到此景赶紧停住了脚步，高声大骂："可恶的狐狸、猴子、喜鹊和乌鸦！你们竟然设置陷阱加害我们……"

猴子和狐狸看到小羊和公牛掉进陷阱，拍手称快，喜鹊和乌鸦在空中叫得更加起劲儿，好像在庆祝胜利。怎么办？公牛急中生智，让小羊骑到自己身上，自己猛地向上跳，把小羊抛向空中，但试了几次小羊都又落回他的背上。

顾莉莉喊道："牛大哥，倾斜着跳，再用点劲儿！"公牛使出浑身力气把小羊抛到陷阱边上，老熊一把抓住了小羊，可他内心恐慌，身体直打哆嗦，由于身体倾斜度太大，老熊和小羊又一起坠入陷阱。在顾莉莉大喊之时，猴子从背后推了她一下，顾莉莉也跌入陷阱。看到他们四个都落入陷阱，狐狸和猴子兴奋地离开了，喜鹊和乌鸦也得意地飞走了。

他们四个你看看我，我看看你，觉得十分好笑，怎么也没想到会落入狐狸、猴子、喜鹊和乌鸦设下的陷阱里。公牛查看了陷阱的深度，说道："我们得想办法出去，试试叠罗汉，先让小羊和顾莉莉出去，她俩出去后再想办法救我和熊叔。"

公牛和老熊并排蹲下，顾莉莉抱着小羊站到他俩身上，公牛和老熊一起起身，顾莉莉把小羊举起，小羊正好够到陷阱边沿，用力爬了出来。之后，公牛蹲下让老熊站到他的身上，又让顾莉莉站到老熊身上，老熊太重，公牛用尽浑身力气试了几次都没能站起来。

老熊说道："大牛，别灰心，我们三个一起喊加油，你再试一次！"顾莉莉、老熊、小羊一起喊加油，公牛终于站了起来，顾莉莉扒着陷阱口沿爬了上去。

公牛和老熊怎么办？怎样才能爬出陷阱？小羊看到远处河边有很多大石头，她想，如果把石头放到陷阱中，他俩不就能出来了吗？于是，小羊和顾莉莉去河边推石头，由于石头太重她俩推起来很费劲，就专找小一点的石头来推。她俩一起反反复复推了很多趟，陷阱里填了很多小石头，公牛站到石头上，老熊站到公牛身上爬出了陷阱。老熊出来后，又与顾莉莉和小羊一起搬来了更多大石头，公牛在陷阱内用这些石头垒起了一个又一个台阶，终于从陷阱中爬了出来。

他们休息了片刻，继续前行。顾莉莉在想：他们怎么会落入狐狸、猴子、喜鹊和乌鸦设置的陷阱？为什么自己见到猴子就心烦意乱？为什么小羊听到狐狸的甜言蜜语就跟随？为什么公牛听到喜鹊叫就兴奋不已？为什么老熊听到乌鸦叫就畏缩不前、逼急了就"跳墙"？正是他们的不理智，才陷入了狐狸、猴子、喜鹊和乌鸦设计的陷阱。

顾莉莉又联想到股市，猴子不正好代表股价的上蹿下跳吗？狐狸代表谣言、骗局，喜鹊代表利好、上涨，乌鸦代表利空、下跌。这本来是股市再正常不过的现象，交易者为什么会受它们的影响？

公牛看到顾莉莉又在深思，问道："大妹子，你又在想什么？"

"我在想我们为什么会落入狐狸、猴子、喜鹊和乌鸦设置的陷阱，又从陷阱联想到股市，思考我们今年为什么会亏损这么多。"顾莉莉回答道。

小羊和老熊也很好奇，齐声说道："说说看，是什么造成了我们今年的重大损失？"

"我觉得我失败的根源在于我的期望与侥幸心理在作怪，小羊是轻信和盲从，牛大哥是自负与贪婪，熊大叔是恐惧和顽固。当遭遇股市的'黑天鹅'之后，我们四个都急红了眼，急于挽回损失，失去了理性。我是冒险重仓交易，小羊更加无所适从、频繁买卖，牛大哥变得急躁、冲动、过度交易，熊大叔相信价值是跌出来的、越跌越补仓，逆势交易，所以我们四个都遭遇了重大损失。无原则交易、重仓交易、逆势交易、过度交易不正是股市交易的四大陷阱吗？"顾莉莉说道。

公牛、小羊、老熊想了片刻，齐声说道："说到我心里去了，太有道理了！"

"姐姐，你认为怎样才能跨越这些陷阱呢？"小羊问顾莉莉。

"我觉得，我们必须从克服人性弱点、改变思维方式着手，我们一起讨论一下吧！"顾莉莉回答说。

"熊大叔，你心细，你帮忙把咱们讨论的内容记录一下。"顾莉莉一边说一边从自己背包里掏出纸和笔递给老熊。

他们你一言我一语地讨论着，老熊则认真地记录着。

情绪化是交易的天敌，理性和耐心是成功的关键。

投资者要克制恐慌情绪，面对大盘下跌和投资失误，惊慌失措不仅于事无补，反而会进一步扩大损失。

投资者要克服犹豫情绪，无论是买入还是止损都需要果断，犹豫只会贻误时机，导致亏损加重。

投资者要克制急躁情绪，随意地增加操作频率或投入更多资金摊平，以指望迅速实现扭亏，往往欲速则不达。

投资者要克制冲动情绪，股市的涨涨跌跌本来就是一件平常事，如果没有一种平常心，就无法适应股市的变化。

投资者要避免从众心理，而应该采用一种与大众看法反向操作的投资策略，即采取与大众思维方式相反的方式采取行动，正如"股神"巴菲特所说："当别人贪婪时你要学会恐惧，在别人恐惧时你要学会贪婪。"

投资者要克服顽固心理，勇于纠错。投资股票不可能百战百胜，出现失误在所难免，如果投资者在处境不利时，不及时认错并纠正，而顽固地逆市操作，结果将会像螳臂当车一样被市场前进的车轮碾碎。在出现错误时，必须要及时地认识错误，纠正错误，千万不能将小的失误酿成大的损失。

通过头脑风暴，他们终于明白了，赔与赚、得与失、成与败是每个股票投资者经常遇到的问题，成功交易的关键就是妥善处理这些问题。

交易者对于盈利和损失的情绪化反应，使他们在赚钱时厌恶风险，但在面对损失时又变成追求风险。在下跌趋势中，交易者往往不愿意卖出亏损的股票，其原因是为了避免亏损变成现实后的痛苦和后悔。如果交易者"割肉"卖出，就表示该交易者在这一笔交易里以失败告终，即承认做出了糟糕的买入决定。在上涨趋势中，交易者容易"落袋为安"，过早卖掉已经增值的股票。当交易者盈利时，他们会有骄傲的感觉，会自诩自己做出的买入决定是多么明智。骄傲心理和后悔心理倾向导致交易者过早出售盈利的股票，过久持有亏损的股票。这种行为在两方面损失了交易者的财富，交易者必须改变这种思维方式，唯一合理的选择就是根据股票未来的增长潜力做出判断。"损失要立刻终止，获利则让其继续"，即"截断亏损，让利润奔跑"。顺势而为，才是正确的操作思路。

通过讨论，他们总结出成功和失败的陷阱，以及如何正确对待获利与损失的方法，老熊详细地记录了下来。

成功的陷阱：事实上，在经历了几次成功的投资之后，交易者会很容易落入过度自信的陷阱，开始自我膨胀，洞察力开始被扭曲，理性决策的能力因为受到贪欲、兴奋动机的驱使而消失殆尽，不复存在。

正确对待获利的方法：当你成功时，正是回顾反省投资方法的时机，而不是等到犯大错误时才那样做。盈利时要控制自己的贪婪情绪，要避免内心膨胀、避免重仓交易、过度交易。

失败的陷阱：损失会使人变得更加追求风险，而成为一个不计一切后果的交易者。人们因为输钱而愿意承受更多风险的结果，更可能造成更多损失。就像滚雪球一样，损失愈来愈大也就不足为奇了。

正确对待损失的方法：承认错误和止损出场就是维持一个中立客观的头脑，避免损失不断扩大进而造成我们无法掌控的情况。要控制自己的恐慌与不安情绪，一定要避免逆势交易，避免越赔越加仓和重仓操作，切记不要拿全部资金去冒险。

第三章

"鳄鱼城堡"的启示：股市盈利的秘密

九

他们边走边讨论，走了许久，终于来到"鳄鱼城堡"跟前。

"鳄鱼城堡"的周围是护城河，他们跨过一座浮桥，沿着唯一一条由银砖铺成的路走向城堡。这次他们特别小心，以免再遇到什么陷阱。当猴子、狐狸、乌鸦和喜鹊再次来骚扰他们时，他们置之不理。老熊已经变得不再胆小，遇事不再恐惧和退缩，这次他主动走在前边。小羊也不再轻信别人，心里充满自信，与顾莉莉并排走着。公牛遇事也不再冲动，心情变得平和了许多，这次他走在最后。他们沿着弯弯曲曲的银砖路，步伐稳健地走向城堡。

出乎他们意料，一路上竟然没有士兵把守，他们十分顺利地进入城堡，却惊奇地发现这是一座空城。他们仔细观察城堡内的情况发现，墙壁上是一些涂鸦，大厅的中央悬挂着三幅画，中间一幅画的是一只鳄鱼在"四季树"下睡觉，左边一幅画的是一只变色龙，右边一幅画的是一只断尾的壁虎，尾巴好像还在动。

他们大失所望，走出城堡，沿着银砖路向回走。顾莉莉边走边思考，觉得这三幅画肯定有什么寓意。顾莉莉对小羊、公牛和老熊说："我们不能白来一趟，大家想一想，看看我们能否从这三幅画中获得什么启示？"

小羊心想：好奇怪的"四季树"，树冠左侧是盛开的花朵，代表春天；树冠左上侧是浓密深绿的叶子，代表夏天；树冠右上侧是黄色叶子，代表秋天；树冠右侧是白色雪花状的叶子，代表冬天……

小羊突然明白了什么，问顾莉莉："姐姐，自然界有四季循环，'四季树'是不是象征股市牛市、熊市的循环啊？"

"有道理，股价的涨跌有快有慢，有高峰也有低谷，就像自然界有严冬，也有酷暑；有风和日丽，也有烈日当空；有小雨淅沥，也有狂风暴雨。"顾莉莉说。

公牛抢着说："太对了，做股票要学习农民伯伯种地，春播、夏长、秋收、冬藏。"

老熊也抢着说："鳄鱼在'四季树'下睡大觉，寓意投资者以静制动，等待最佳时机。"

顾莉莉心想：静若树桩平静地守候，动若猛虎一击得手，鳄鱼的捕猎方法从表面上看比较被动和笨拙，却可以用最少的力气获得食物，使自己处于相对安全的境地，可谓大巧若拙。

顾莉莉接着老熊的话说道："是的，一个成功的投资者需要具备鳄鱼般的理性和耐心。"

老熊接着说："鳄鱼的聪明在于，它掌握了身边事物发展的规律。它们知道，在成功之前要经过漫长的等待和煎熬，过程是通往结果的必由之路，只有懂得等待，并在等待成功时能够承受住磨炼和打击，才能得到自己想要的结果。"

那变色龙和断尾的壁虎又有什么寓意呢？他们边走边想边讨论。

小羊说："变色龙可不是一个好词儿，它常常用于讽刺没有立场、趋炎附势、见风使舵的人。"

顾莉莉心想：股市充满变化，作为投资者要随机应变，变色不失为最佳生存之道。

"对了，股票交易者要顺势而为，股市最终活下来的都是变色龙！"顾莉莉说道。

那么断尾的壁虎呢？公牛在想：当壁虎遇到天敌时，便自断其尾，以活脱脱跳动的尾巴吸引天敌，自身则逃之夭夭，脱离险境，免受丧生之难。

公牛问道："断尾的壁虎是不是寓意股市交易中的止损呢？"

"太对了！存亡时刻，断尾自救！"老熊回答。

小羊似乎也明白了，接着老熊的话说："留得青山在，不怕没柴烧。知道如何从困境中解脱，是最可贵的投资天赋。"

通过脑力激荡，他们认识到：股市变幻莫测，投资者要学习壁虎的断尾智慧，壁虎断尾自救就相当于股市中的止损、"割肉"。正如当船开始下沉时，不要祷告，要想办法赶紧脱身，不要停留在一艘快要沉没的船上，让自己陷入困境。习惯接受一些小的损失，能避免大损失。

造成交易者重大损失甚至赔光的主要原因，不是市场没有提供机会，而是交易者自身没有采取强有力的风险控制措施。如果不能控制风险，迟早会被风险控制。

世界上没有什么东西，比亏光一切更能教会一个人不该做什么。接受损失是最重要的确保资金安全的投资策略，是大多数人不愿意进行的操作，也是造成大多数人损失严重的主要原因之一。

不知不觉中，他们又回到了护城河边，却意外地发现连接城堡的浮桥不见了，已无路可回。

他们看到河边有一个木筏，就一起走了上去。公牛和老熊身宽体胖，木筏勉强禁得住他们。公牛和老熊用力地划着水，木筏慢慢地向河对岸移动。

他们继续谈论着城堡里的三幅画，特别是鳄鱼在"四季树"下睡大觉那幅。小羊说道："令人望而生畏的鳄鱼看似行动迟缓，却能捕捉到各种行动灵敏、迅速的动物，甚至连万物之灵的人也能成为它口中的食物。"

老熊好像对鳄鱼的习性更为了解，说道："鳄鱼通常处于一种平静的状态，远处看来，就像一节漂浮在水面之上的树桩，而露在水面之上的一对鼻孔和眼睛，却在耐心地观察着水面和陆地上的动静。"

"当发现岸边有可捕食的'美味'时，聪明的鳄鱼就会马上将身体躲到水面之下，然后慢慢地朝动物所处的方向游去，缓缓接近目标，趁其不备突然从水中一跃而出，将猎物一口咬住，用力将其拖入水中。鳄鱼在猎取食物和突袭目标刹那间所爆发出的惊人速度和巨大爆发力，足以令其他动物措手不及。"老熊接着说。

在公牛和老熊的努力下，他们很快就要划到河对岸了。公牛一边划水一边说道："股市交易中，我们的确应该学习鳄鱼的理性和耐心！"正在此时，突然有两只鳄鱼向他们袭来，木筏倾翻，他们一起坠入河中。

两只鳄鱼分别向大块头的牛和熊追去，而顾莉莉拉着小羊拼命向岸边游。公牛由于脚扭伤游不动，被一只鳄鱼咬住脖颈。老熊使出全身力气摆脱了另一只鳄鱼的追逐爬上了河岸。那只鳄鱼又向顾莉莉和小羊扑来，咬住了小羊的一只腿，小羊拼命挣扎，顾莉莉推了小羊一把，小羊尽管断了一条腿，还是上了岸。这时，鳄鱼又张着大口向顾莉莉扑来，顾莉莉感觉到自己的两条腿都被鳄鱼吞到肚子里了，她不顾一切地拼命挣扎……

顾莉莉一下惊醒了，吓出一身冷汗！她长舒一口气，原来是一场梦！回忆起梦中的情景，历历在目，尤其是最后一

幕是那么奇特，他们在木筏上谈论着如何学习鳄鱼的生存智慧，却意外地遭到了鳄鱼的攻击。

顾莉莉心想：这是不是在警告自己，股市充满不确定性，控制风险是股市投资的首要任务。波动来自市场，但风险来自你的交易，来自你对风险控制与否。风险再低的市场，倘若不控制风险，风险也会无限放大。风险再高的市场，懂得控制风险，风险也会大大降低。

顾莉莉想起了关于止损的一个形象比喻——"鳄鱼法则"，它源于鳄鱼的吞噬方式，猎物越试图挣扎，陷得越深。所以，万一鳄鱼咬住了你的脚，务必记住：你唯一保命的机会便是牺牲一只脚。若用股市的语言表达，就是当你知道自己犯错时，不要再找任何借口，也不要期待、祷告，而应该立即认赔离场。梦中的小羊虽然失去了一条腿，但毕竟活了下来。

在顾莉莉最初做股票的日子里，几乎每年都重复犯不但不止损还向下摊平的错误。人总是好了伤疤忘了疼，虽然一次次的损失像拿刀割自己的肉，但一段时间后常常会忘记疼痛，总是不吸取教训。由于输不起的心理在作怪，下次仍会重复过去的错误。股市是最容易使人出错的地方，但股市不怕错误，怕的是不知道错误在哪里，怕的是找不到补救措施，怕的是不总结经验、不吸取教训，怕的是缺乏自我纠错能力，下次仍然重复过去的错误。

顾莉莉现在认识到，股市变幻莫测，不可能预测和控制市场，投资者唯一可以控制的就是自己。就像水手虽然不能控制大海，但可以控制自己。他们学习安全航海技术，获取经验；成功的水手懂得运用自己的智慧，他们知道什么时候该出航、什么时候该停留港湾。

顾莉莉从凌晨自己遭遇的尴尬和梦里的情景中获得了启示：股市充满不确定性，股市中唯一不变的是变化。股市交易是概率游戏，控制风险乃投资第一要义。交易者只有在变化的市场中建立自己的交易规则，以不变应万变，才能在股市中克敌制胜。

股市盈利的秘密其实很简单，那就是认清市场，洞悉交易心理，控制自我。

（1）认清市场。股市存在趋势，势不可挡，顺势者昌，逆势者亡。

（2）洞悉交易心理。克服人性的弱点，止损乃股票投资第一要义。输得起，才能赢。

（3）控制自我。情绪化是交易的天敌。建立交易系统，纪律和耐心是成功的关键。

顾莉莉觉得，自己亏损的原因不是交易技巧或市场知识不足，而是自己对错误、亏损的态度和信念，以及当自我感觉良好时容易变得鲁莽的倾向。能够长期获利，背后的原因是彻底改变思考方式，而不是像大部分人认为的善于解读市场。

第四章

股市盈利"易诀"

十一

　　正想进一步分析自己的梦境之时，爱人喊顾莉莉吃饭。顾莉莉看了看表，已是中午 12 点钟。爱人对顾莉莉说："杨小妹刚才来电话，说约好了牛大哥、熊大叔下午一起见面聊聊，让你也过去。"顾莉莉点了点头。

　　下午，杨小妹约顾莉莉、牛大哥、熊大叔在一家茶馆见面，茶馆里反复播放着奥运会开幕式主题曲《我和你》。今天是奥运会开幕的第二天，又正逢周六，茶馆里坐满了人，一片欢乐的气氛。顾莉莉他们四人却怎么也高兴不起来，他们聊着昨日股市的大跌，看看下一步应该如何操作。杨小妹觉得自己不能再盲目听从"股票专家"的意见了，牛大哥、熊大叔也认为应该改变自己的操作思路。

人往往在遇到挫折或打击时才开始反省，开始改变。同样，在股市交易中，人们通常要经历很多亏损和痛苦后才会破除抗拒之心，承认市场永远是对的，谁都无法改变市场，唯一能改变的就是自己。反省自己亏损的原因，是进步的开始。

顾莉莉把凌晨自己取牛奶时遭遇的尴尬和上午做的梦讲给他们听。梦中，她去"鳄鱼城堡"寻找股市盈利的秘密，先后遇见了一只没有主意的小羊、一头胆大的公牛和一头胆小的老熊，他们也都在这轮大跌中损失惨重，同样需要学习盈利之道。他们四个结伴而行，一起向"鳄鱼城堡"奔去。还做了一个梦中梦，自己被猴子和一个女人骗了，连外衣和背包都被骗走了。他们四个还陷入了猴子、狐狸、喜鹊和乌鸦设下的陷阱，费了很大劲儿才逃出陷阱。终于来到了"鳄鱼城堡"，却发现是一座空城。城堡大厅的中央挂着三幅画，中间一幅画的是一只鳄鱼在"四季树"下睡觉，左边一幅画的是一只变色龙，右边一幅画的是一只断尾的壁虎。他们大失所望，返回时发现护城河上的浮桥不见了，当他们乘木筏返回对岸时，又意外遭遇鳄鱼袭击，自己的腿被鳄鱼吞进了肚子里……

杨小妹、牛大哥、熊大叔听完，觉得顾莉莉梦中的小羊、公牛、老熊就是他们三个。

杨小妹说："顾姐姐，你太有想象力了！"

牛大哥说："大妹子，你的梦境像电影大片一样精彩！"

熊大叔问："莉莉，你从梦中获得了什么启示？下一步准备怎么操作？"

"我现在唯一的念头就是，周一开市马上斩仓，先清仓，好好反省一下自己，对大势和个股有了基本判断后再操作。"

"这时斩仓不是太亏了吗？"老熊问。

顾莉莉说："'熊市不言底'，如果股市继续大跌呢？市场中任何事情都有可能发生，我们必须承认自己是渺小的，我们必须敬畏市场，坦然接受风险。"

"通过凌晨遭遇的尴尬和对自己梦境的分析，我悟出了一个道理，止损是股市交易第一要义。无论你使用哪一种交易策略，止损都要无条件执行，这是一条最基本的生存法则。"顾莉莉接着说。

　　杨小妹、牛大哥、熊大叔都觉得顾莉莉说得很有道理，决定周一开市先清仓反思一下再说。2008年8月11日开市，他们果断清仓。

　　事实证明，他们清仓是对的，之后美国金融危机加剧，雷曼兄弟公司倒闭，道琼斯指数跌破万点大关。尽管中国政府采取了降息和降低准备金率，汇金购入工行、中行、建行股票，国有股增持等一系列救市措施，仍未能阻止A股的继续下跌。10月28日，上证指数最低跌至1664点（收1771点），相对于8月8日收2653点又下跌了近千点，下跌了37%。下半年，A股还真的出现了"18层地狱价"。

　　有机构统计，2008年中国94%的股民亏损，其中亏损50%以上的占82%。一轮熊市会使交易者的资金缩水20%～90%，熊市中亏损的钱，可能要今后很多年才能赚回，甚至无法再赚回。因为熊市中绝大多数股票都随大盘下跌，此时的交易大多时间在亏钱。亏钱使投资者情绪很沮丧，无法忍受重大损失给他们带来的痛苦。投资者往往无法快速认赔出局，于是追加资金，期待着行情的反转，结果往往事与愿违。交易中止损最为重要，看错了方向，一定要认赔出场，绝不能拿全部资金去冒险。如果做不到，投资者最好远离熊市。

　　清仓以来，顾莉莉如释重负。她一边观察股市行情，一边反思自己过去的行为。在经历了大损失、大痛苦之后，她认真反思，总结经验教训，建立了一套适合自己的交易系统——股市盈利"易则"。股市盈利"易则"指的是股票交易者只需分析9项指标、跟踪9只股票，平均每天花15分钟，就有望获得年均15%以上的复合收益率。股市盈利"易则"的好处是，不需要投资者天天盯盘、频繁交易，特别适合闲暇不多的大众投资。

　　股市盈利"易则"是一套建立在成功交易三大支柱（交易方法、资金管理和心态控制）基础之上、简单易行、符合逻辑、经过有效性验证的交易系统。基本面分析与技术分析相结合，采用基本面分析选择绩优股，运用技术分析（"趋势跟踪法"）确定最佳的买卖时机，在一个上涨趋势刚刚开始时买入，在这个趋势结束时卖出，其核心是"截断亏损，让利润奔跑"。

　　亏损额度是自己可以控制的，盈利则需要行情的支持。股市盈利"易则"的投资者通常是"小亏大赚"，大的亏损绝不会发生在股市盈利"易则"投资者身上。因为一旦对趋势做出判断错误，投资者就会立即止损退场。坚持按照买入卖出信号交易，尽管短期会出现多次小的亏损，但绝不存在大损失。趋势交易者盈利时是大盈，一两次交易就可以赚到整年的钱。几次大的盈利足以抵消多次小的损失，股市盈利"易则"交易者是最终的、长期的赢家。

顾莉莉认识到：交易是一种"舍"的艺术，有舍才有得。要放弃对"确定性"的幻想，树立概率思维。"错"是常态，错了就要改正，立即止损，承担一些小的损失，不能因小失大。只有输得起，才能成为长期赢家。

2009 年以来，顾莉莉严格按照股市盈利"易则"操作，躲过了 2015 年下半年开始的熊市，尤其是 2016 年初的熔断，躲过了 2018 年因贸易摩擦造成的大跌行情，躲过了 2022 年因世界局部战争等因素造成的股市下跌，取得了年均复合增长率 20% 以上的投资业绩，终于成为股市交易的长期赢家。

顾莉莉最后总结出股市盈利"易诀"：敬畏市场，控制风险；顺势而为，系统交易；截断亏损，让利润奔跑。

投资正途：
股市盈利"易则"

　　本篇旨在分享作者独创的、给作者带来很好投资收益并且正在使用的交易系统——股市盈利"易则"。所谓"易则"，就是基于"变易""不易""简易"三大原则。

第五章

股市盈利"易则"的逻辑与内涵

第一节　股市盈利"易则"交易哲学

一、"易"="变易"+"不易"+"简易"

股市盈利"易则"交易哲学来自《易经》。"易"包含 3 层含义："变易""不易""简易"。

所谓"变易",指股市变化无常,不可预测。股市交易是概率游戏,股市中唯一不变的是"变化",股市中唯一确定的是"不确定"。股市短期是"投票机",长期是"称重机"。

所谓"不易",指股市几百年来基于人性的东西始终没有丝毫改变,贪婪、恐惧、主观与偏见,使股市在牛市、熊市之间循环。股市是基于经济和人性的复杂系统,虽然变化无常,但又万变不离其宗,有一定规律可循。

所谓"简易",指不要把简单的事情复杂化,最有效的分析工具往往是最简单的。社会和经济现象不是自然现象,所涉及的变量太多,企图用复杂的数学公式和图形揭示股市波动的规律简直是徒劳无益。

股市盈利的秘密其实很简单,那就是认清市场,洞悉交易心理,控制自我。

● 认清市场。股市存在趋势,势不可挡,顺势者昌,逆势者亡。

● 洞悉交易心理。克服人性的弱点,止损乃股票投资第一要义。输得起,才能赢。

● 控制自我。情绪化是交易的天敌。建立交易系统,纪律和耐心是成功的关键。

股票投资的目标就是赚钱,然而真正长期持续赚钱的投资者凤毛麟角。有一组相关数据显示，股市中一成股民赚钱，二成股民持平，七成股民赔钱。为什么只有 10% 的投资者能持续获利？为什么不少事业很成功的人一到股市就傻眼？

这是因为长期不断获利者的思考方式与常人不同。大多数人的思考方式有一个基本问题，就是头脑的运作方式中有一些与股市的特性不符合。人性的弱点在股市中表现得淋漓尽致。股票交易者大多被贪婪和恐惧、轻信与盲从、期望与侥幸、自负与顽固等心理左右，从而导致无原则交易、逆势交易、重仓交易、过度交易等情绪化操作，贪婪和恐惧会摧毁投资者。"一分耕耘，一分收获"通常是对的，但在股市中并非如此。更多、更好的市场分析并不能保证投资者在市场中赚钱，投资者的情绪和思考方式才是决定交易成败的关键。

如何跻身 10% 的赢家行列？通过对股市多年的潜心研究和亲身实践，以及经历了大损失、大痛苦之后的深入思考，笔者得出以下结论：要想成为股市长期赢家，必须克服情绪化交易，涉足众人不敢去的地方，跨越交易的陷阱，建立适合自己的交易系统，成为自律的投资者。

二、"易则"= 三分业绩 + 七分趋势

技术分析和基本面分析是股市投资的两大基础分析工具。从本质上说，技术分析就是股价图表制作和阐释。它是以市场行为为研究对象，通过股票价格趋势的周期性波动决定交易和决策的方法的总称。大多数技术分析者坚信，股票市场上只有 10% 的逻辑，其余 90% 是心理，一切信息都涵盖在图表之中。他们认同"空中楼阁"理论，并把股市博弈视为"心理战"。当然，图表所讲述的，仅仅是过去。不过，技术分析者希望，对过去和当前的研究，能够"照亮"未来。基本面分析者采取的则是截然相反的策略，他们认为股票市场上 90% 的部分是逻辑，心理只占 10%。他们并不关心股价历史走势的特定形态，而是挖掘一只股票的内在价值，他们信奉的是"磐石理论"。

技术分析和基本面分析孰优孰劣？在裁判"磐石理论"和"空中楼阁"支持者之间的争论时，我们可能会左右为难。这两种分析方法都反映股市的行为，这一点意义非凡。股市中逻辑因素和心理因素总是共存的，投资者的心理、情绪变动是影响股价短期变动的主要因素，而上市公司的业绩（基本面）是左右股价长期表现的关键因素。能给投资者带来

"好感"的股票，可能在很长时段内都可以维持较高的市盈率，哪怕它的增长率平平；而那些没有得到"祝福"的股票，可能就得苦苦忍受长期的低市盈率，即使它的增长率出类拔萃。但最终决定股票涨跌的是公司的收益：如果一家公司的经营状况比以前差，它的股价就会下跌；反之，如果一家公司的经营状况比以前好，它的股价就会上涨。对投资者来说，技术分析和基本面分析都很重要，最佳的投资策略应该是基本面分析与技术面分析相结合。

股市盈利"易则"就是技术分析和基本面分析相结合的交易系统，运用技术分析（"趋势跟踪法"）确定最佳的买卖时机，采用基本面分析选择绩优股。

绩优股与绩差股最大的不同在于长期价值的变化。长期而言，股价会围绕价格中枢（价值）上下波动。绩优股会因为业绩增长而导致股价上涨，绩差股会因为业绩下滑而导致股价下跌。没有好的公司品"质"，就难有持续强劲的走"势"。但即使有好的公司的"质"，如果不被市场看好，该股票也不会有好的涨"势"。

如果说基本面分析者在交易中重视"质"，那么技术面分析者就更重视"势"。股市盈利"易则"的交易逻辑是"三分业绩，七分趋势"，即三分"质"、七分"势"。

第二节　股市盈利"易则"的内涵和交易过程

一、股市盈利"易则"的内涵

股市盈利"易则"的内涵是股票交易者只需分析 9 项指标、跟踪 9 只股票，平均每天花 15 分钟，就有可能获得年均 15% 以上的复合收益率。股市盈利"易则"的好处是不需要投资者天天盯盘、频繁交易，特别适合闲暇不多的大众投资。

股市盈利"易则"是一套建立在成功交易三大支柱（交易方法、资金管理和心态控制）基础之上、简单易行、符合逻辑、经过有效性验证的交易系统。

● 交易方法。采用基本面分析选择绩优股，运用技术面分析（趋势跟踪法）确定最佳买卖时机。

● 资金管理。建立投资组合，把握大势，控制风险。依据大势、大盘年线识别牛熊，控制好仓位和投资金额，采用"金字塔操作法"加仓、减仓，利用均线系统果断止损 / 止盈。

● 心态控制。做好交易记录，通过反思法（"照镜子"）做好心理控制，督促自己严格按原则交易。知易行难，坚持不懈。

股市盈利"易则"采用的是"趋势跟踪法"（其模型如图 5-1 所示），在一个上涨趋势刚刚开始时买入，在这个趋势结束时卖出。其核心是"截断亏损，让利润奔跑"。

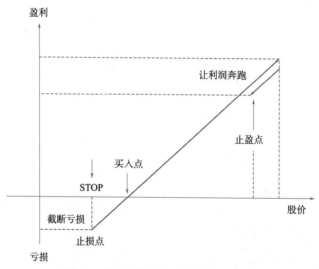

图 5-1 股市盈利"易则"趋势跟踪模型

大道至简，股市盈利"易诀"是：敬畏市场，控制风险；顺势而为，系统交易；截断亏损，让利润奔跑。

股市盈利"易则"从战略层面、战术层面、操作层面考虑，其思路概括如下：

股市盈利"易则"

- 战略层面：三分业绩，七分趋势。

- 战术层面：截断亏损，让利润奔跑。

- 操作层面：基本面选股，技术面买卖，大势定仓位。

股市盈利"易则"的结构框架如图 5-2 所示。

 认清市场　　　　　　　洞悉交易心理

股市是基于经济和人性的复杂系统	
股市变化无常，股市中唯一确定的是"不确定"　股市交易是概率游戏（变）	人性不变，牛市、熊市循环不变　股市存在趋势，势不可挡。顺势者昌，逆势者亡（不变）
股市短期是"投票机"，长期是"称重机"	

为什么会亏损
盲目交易
逆势交易
重仓交易
过度交易

人性的弱点
轻信与盲从
期望与侥幸
贪婪与恐惧
自负与顽固

变易　　不易

易

简易

股市盈利的秘密

认清市场：股市存在趋势，势不可挡。顺势者昌，逆势者亡

及时止损：克服人性弱点，止损乃投资第一要义。输得起，才能赢

控制自我：情绪化是交易的天敌。建立交易系统，纪律和耐心是成功的关键

股市盈利"易"诀

敬畏市场，控制风险
顺势而为，系统交易
截断亏损，让利润奔跑
（大道至简）

控制自我

建立交易系统：以不变应万变

交易方法：基本面选股，技术面买卖（"趋势跟踪法"）

资金管理：建立投资组合，把握大势，控制风险（止损），采用金字塔式操作法（试探法）加仓减仓

心理控制：做好交易记录，通过反思法（"照镜子"）做好心理控制，督促自己严格按照交易系统操作

图 5-2　股市盈利"易则"结构框架

二、股市盈利"易则"的交易过程

（一）寻找出色的企业

做股票就是做预期，先选择未来几年发展最好的行业，再寻找行业内最好的个股（行业龙头股）。有人说，市场上有那么多家上市公司，选股的工作量得多大啊？其实可以重点关注机构重仓股，在持有基金家数排名靠前的股票中寻找，让基金专家帮助投资者进行初步筛选。在此基础上，利用选股指标进行筛选圈定即可。

（二）建立投资组合

符合筛选条件的股票可能不止9只，但我们要优中选优，重点跟踪不同细分行业的9只股票，建立投资组合。跟踪不等于持有，要耐心等待最佳的买卖时机到来。通常持有9只股票往往已经达到个人能力的极限。

（三）选择买卖时机

股市是一个存在巨大波动的市场，买卖时机往往比选股更重要。不少人认为，选好了股票就可以不分时机地买入，并且买入以后可以长期不管不问，什么时候想起来了再出手。这其实是一个极大的错误。

股市盈利"易则"运用技术分析（"趋势跟踪法"）确定个股的最佳买卖时机，依据K线形态、成交量V和移动平均线MA3项指标进行买卖。大道至简，3项指标足矣！

（四）控制风险，顺势而为

俗话说："新手看价，老手看量，高手看势"。股市盈利"易则"强调顺势而为，果断止损/止盈，采用"金字塔式操作法"（试探法）加仓减仓。股市盈利"易则"要求投资者一定要把握大势，识别牛熊，控制好仓位和投资金额。

（五）遵守原则，保持良好心态

自律是交易成功的关键，个人投资者在股市交易中不会有来自外部的控制，必须自己管住自己。自律意味着去设计、检查并遵守自己的交易系统，意味着去学会根据事先定义好的信号进场和离场，而不能受市场和情绪的影响。

股市盈利"易则"要求投资者建立并保存良好的交易记录（用Excel表做交易记录），这样可以促使投资者反省（"照镜子"）并遵守交易纪律，从而避免情绪化交易。

第三节　股市盈利"易则"理论探源

一、股市盈利"易则"崇尚 3、5、9、15 这 4 个神秘数字

股市盈利"易则"中与 3、5、9、15 这 4 个神秘数字相关的内容是：

● 进行 3 方面的分析（基本面分析、技术面分析、大势分析）。

● 对个股的业绩考察期为过去 5 年（新股为 3 年），未来业绩预期为 3 年。

● 分析 9 项指标，跟踪 9 只股票。

● 一般持有 5 只股票（中值），最多持有 9 只（个人极限）。

● 平均每天花 15 分钟，获得年均 15% 以上的复合收益率。

3、5、9、15 这 4 个神秘数字的含义如下：

● 3 代表多。3 代表事物的诸多方面，老子说："道生

一,一生二,二生三,三生万物。"

- 5代表中心。5位于1,2,…,9这9个数字的中位。在现实生活中,5这个数字随处可见:人有五官,手有五指,花有五瓣之花。将5和人体相联系,用图形表示,一个人的头和伸展开的四肢就形成了一个五角星。5指代整体和完满,无论是东方还是西方,5这个数字都具有独特的象征意义。

- 9代表至尊和极限。古人认为奇数属阳,偶数属阴。9是最大的阳数,人们常用9表示极端的尊贵、吉祥等意义。9既代表着尊贵长久,也代表着极限。这是否意味着认识到了极限才能尊贵长久?但对于个人来说,精力总是有限的,同时持有9只股票往往已达到精力的极限。

- 15代表圆满。按易经数理推算,数字15为"吉",总论有"谦恭做事,外得人和,大事成就,一门兴隆"之意。月圆也在每个月的农历十五。

二、股市盈利"易则"与天体运行规律

股市盈利"易则"的数字逻辑来自洛书。洛书由1,2,…,9这9个数字排成九宫图,各个方向都有"3"个宫,"5"在九宫图中位于中央位置,且各个方向的数相加都等于

"15"，如图 5-3 所示。

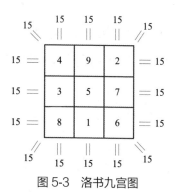

图 5-3　洛书九宫图

洛书是周期性运转空间，洛书九宫图如果按数学的矩阵理论，其计算结果为 360；而 1，2，…，9 这 9 个数字若顺序排列，其矩阵计算结果为 0（图 5-4），可见洛书的神秘性，它与周天公度 360 有密切关系。

$$\begin{vmatrix} 1 & 2 & 3 \\ 4 & 5 & 6 \\ 7 & 8 & 9 \end{vmatrix} = 0 \qquad \begin{vmatrix} 4 & 9 & 2 \\ 3 & 5 & 7 \\ 8 & 1 & 6 \end{vmatrix} = 360$$

图 5-4　洛书九宫图的数字矩阵表示

传说有神龟出洛水，其甲壳上有此图像（图 5-5），结构是戴九履一，左三右七，二四为肩，六八为足，以五居中，五方白圈皆阳数，四隅黑点为阴数。洛书是中国先民心灵思维的极高成就，可以说包罗万象，奥妙无穷，其小无内，其大无外，用之言天则天在其中，用之言地则地在其内，用之言人而人不在其外。洛书的魅力吸引了中外许多学者对其进行长期研究，它奠定了中华文化的初基，是中华民族原始文明的渊源，是人类最为珍贵的历史文化遗产之一。

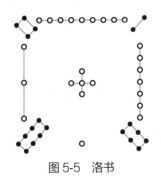

图 5-5　洛书

天体复合运动皆可统一于动态圆形（360°）中加以描述，不论天地运动何等繁杂，只要以公度法归纳就可执简驭繁。以春分为分割点，它是太阳回归的时间，日夜平均。其分割的比率则可将圆形一分为二、为三、为四、为八，在八的基础上又细分为二十四等份，而二十四等份是以北斗七星每年 24 指限定的。通过 12 条对角线、2 个四方形和 1 个三角形等公度性尺度将时空结合的周期循环规律表现得淋漓尽致。30×12 = 360，其中 30 是日月相会天象之数，12 是日月一岁 12 会次的天象之数，360 表示天度。

古代先民在与自然的相处中很早就发现了宇宙的秩序，

并以太阳东升西落（地心说）确定一天的时间，单位是日；以月亮的隐现圆缺确定一月的时间，单位是月；以寒来暑往及草木荣枯确定一年的时间，单位是年。古代先民还制定了历法，使混沌的世界变得有规律可循。历法就是利用天象的变化周期调配日、月、年的纪时法则。

　　以上就是股市盈利"易则"进行3方面分析、考察个股过去5年业绩、预测个股未来3年的表现、分析9项指标、跟踪9只股票、一般持有5只股票（中值）、最多持有9只股票（不越九宫）、平均每天花15分钟，就有可能获得年均15%以上的复合收益率的原因。到底关注多少只、持有多少只股票合适，需要投资者根据自己的精力和能力确定。

第六章

认清市场

第一节　股市是基于经济和人性的复杂系统

一、股市 = 股票 + 交易者 + 资金 + 信息

- 股票。上市公司的业绩（基本面）对股价变动有较

大影响，是左右股价长期表现的关键因素。

- 交易者。交易者心理、情绪变动（技术面、情绪面）是影响股价短期变动的主要因素。

- 资金。宏观政策如利率、汇率、存款准备金率、M2的变动会影响股市资金的变动（资金面），从而影响股价的变动。

- 信息。股市中充斥着各种各样的信息（信息面），有利的、不利的，从而影响交易者的情绪和股价的变动。

股市是基于基本面、技术面、情绪面、资金面、信息面的复杂系统，股价的涨跌受多重因素影响，复杂而多变。股市中唯一不变的是"变化"，股市中唯一确定的是"不确定"。

二、股市众生相

（一）机构投资者

机构投资者包括基金公司、养老金公司、保险公司、投资公司等。机构投资者拥有研究团队、资金、投资组合、风险控制等优势。有些时候，机构投资者还会操控某只股票，低位吸筹、拉升股价、吸引散户入场，然后高位出货，从中获利。股票操控者，俗称"庄家"。

（二）散户

散户指个人投资者。散户水平不一，大多数缺少理性，容易跟风，追涨杀跌，容易被"庄家"宰割。但某些方面散户也有一定的优势，机构投资者的弱点在于他们必须交易，而散户可以不交易或者干脆远离市场。即使市场转入熊市，股票型基金也得按规定保持一定的仓位。而散户的仓位没有任何限制，完全可以空仓，能够更彻底地规避风险，但很少散户能够利用这些优势。另外，散户建仓与清仓、加仓与减仓都可以在瞬间完成，而机构投资者持有股票和资金的规模很大，操作起来"船大难掉头"。

（三）大股东

大股东被称为"关键的少数"，内线人，也可以泛指上市公司的董、监、高。大股东增持、减持很关键，他们很清楚自己家的股票是高估了还是低估了，因此，要追随"关键的少数"，关注大股东的动向。

（四）股评家

股评家是指从事股票研究并对研究成果发表评论的专家，大多是"事后诸葛亮"。股评家能够坚持长久的股评，一般不谈后市，谈后市也只是用些模棱两可的语言。

（五）投资顾问

指某些顾问公司和券商的投资顾问等，水平不一。

三、股价涨跌的要因

股票的价值主要取决于企业未来的盈利能力，但心理因素在股票价格决定中的作用也不容忽视，由于人性固有的弱点，人们在交易时必然会受到贪婪、冒险、奢望、恐惧的驱使，股市不总是那么理性，价格也不总是与价值相符。股价短期的涨跌主要受心理因素影响，而基本面则是左右股市长期表现的关键。股市的短期表现，就像是一群人"投票"的结果，主要受情绪和心理影响；而长期来看，股市则是一台"称重机"，股票价格最终会回归价值。

（一）股市与经济

短期而言，"股市是经济晴雨表"的说法不完全正确。股市总是走在经济之前，股市一直被认为是一种领先的经济指标，股市的见底或见顶通常领先经济复苏与衰退长达数月之久。股市走在经济之前是因为股市反映投资者对前景的预期，而非真实的一面。

经济与股市的关系就像主人与狗的关系一样，主人带着狗在街上散步，狗先跑到前面，再回到主人身边。接着，又跑到前面，看到自己跑得太远，又折回来。主人代表经济，狗则代表证券市场。

（二）股市与心理

股票价格是一种心理行为，是多空双方观点平衡的货币表现。价格是由大量投资者决定的，包括买方、卖方和观望者，价格形态和成交量反映市场的群体心理，价格、成交量和持仓量反映群体行为。

市场预期实际反映了一种交易行为中的从众心理，当大多数参与者都根据预期采取同一行动时，可以迅速聚集其庞大的市场力量，使股价走势发生剧烈的变化，成为短期内影响市场发展的主导力量。

（三）股市与信息

无论是大盘还是个股，在有利好传言时，大多呈现一种向上的态势，而一旦利好传言被证实，行情往往会戛然而止。用股市中的行话来说，这叫作"利好出尽成利空"或"见光死"。因为如果有利好消息传来，就是一个好的炒作契机，大家都会把手里的钱投进去期待着好消息带来的机会，价格会上涨，当然要买入。但是消息被证实之后，也许根本就是无稽之谈，那价格就会应声而落；或者证实了消息是真的，这一波炒作行情也已经做完了，大家本着获利了结的心理卖出手中的筹码，这样价格也会下跌，当然要卖出。"传闻时买入，证实时卖出"（Buy On Rumor，Sell On Fact），所描述的就是一种典型的市场预期行为。

（四）个股因素与系统因素

个股因素主要包括上市公司所处的行业地位、竞争优势、重大变革、发展前景、经营业绩变化、分红扩股、合并与收购、股东结构变化、供求关系变化、主力机构持股比例等。

"股价随业绩调整"是股市不变的原则。有时候，行情涨跌与业绩脱离关系只是暂时现象，不管股价怎样千变万化，最后还是脱离不了业绩。时间能证明，只有业绩是股价最大的支持力量，因为公司经营效率和业绩的高低直接影响公司的盈利和获利能力。它可以从各个方面来估量，如利润率、盈利能力、每股盈利比例、投入产出比例和收入成本等指标。因此，收益成长与否，成为判断股价动向的一个关键因素。

收益持续增长的公司股价高，更具体地说，预期收益会成长的公司，股价会上扬；反之，预期收益会降低的公司，股价会滑落。公司的成长受制于其所属产业和行业的兴衰周期，公司所属行业的性质对股价的影响极大，必须对其进行分析。

另外，投资者的动向、机构或大户的意向和操纵、公司间的合作或相互持股、信用交易和期货交易的增减、投机者的套利行为、公司的增资方式和增资额度等，均可能对股价造成较大影响。

系统因素指国内外政治、经济、军事等因素引起社会变动从而对股市造成的影响，既有由于战争、经济危机、重大突发事件造成的股市普跌甚至崩盘，也有由于货币政策、财政政策、汇率变化造成供求关系改变从而对整个大盘或某些行业股票产生的重大影响。

绝大多数股票随大盘趋势运行，一个成功的投资者必须是一位敏锐的市场分析家，同时又是一位训练有素的大众心理学家。系统因素影响大势，要想在股市中成为一名成功的投资者，必须重视系统风险，正确把握大盘的运行方向。无论你是新手还是老手，只要想在股市上成功，就必须学会看懂大势。看大势就像建房子打地基一样，只有打好地基才会有上面的一系列建筑。如果地基打不好，房子的质量就会有问题。

四、股市存在趋势，势不可挡

股市按一定的趋势运行，趋势中的"趋"是"方向"之意，"势"指"力量"或"能量"，所谓的"势不可挡""势如破竹"等，都说明事物的运动方向本身具有一定"能量"。这就是"顺势而为"的内在逻辑所在。"强者恒强，弱者恒弱"，趋势一旦形成，就不会轻易改变。顺势者昌，逆势者亡。永远不要逆势交易，别尝试接住一把正在下坠的刀！顺势而为，可以把交易者带向成功的彼岸。

（一）资金 + 心理 = 趋势

一切商品价格的变化趋势均取决于供给和需求：供不应求，价格上涨；供过于求，价格下跌。股市也不例外，股票供求关系可分解成两个因素：心理——投资者购买股票的意愿；资金——投资者购买股票的能力。

资金 + 心理 = 趋势。"羊群效应"（从众、跟风心理）在市场中普遍存在，交易者的情绪随市场的涨跌而起伏，追涨杀跌。成千上万的市场参与者的情绪汇聚成一股巨大的心理潮流，正是这股潮流在推动着市场前行。如果大多数人看好行情，并积极购入股票，股票价格就会上涨；如果大多数人对股市不抱信心，并纷纷抛售，股价就会随之跌落。这是心理因素对趋势的影响，但真正影响趋势的因素是一定时期内股市总资金的净流动。我们可以把股市看作一个蓄水池，将资金比作水，将股价比作水面（图6-1）。金融环境放松，市场资金充足，利率下调，存款准备金率下调，很多游资就会从银行转向股市，这相当于向蓄水池内注水，水面会升高，股价往往会出现升势；反之，国家抽紧银根，市场资金紧缺，利率上调，或大量新股（包括可转债、配股）发行，大小非减持股票等，这相当于从蓄水池中放水，水面会下降，股价通常会出现跌势。另外，汇率对一国的股市也会产生影响，因为它涉及货币国际流动。

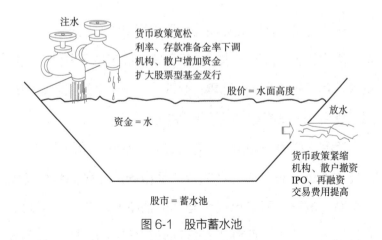

图6-1 股市蓄水池

（二）经济周期与股市关系密切

经济周期与股市关系密切，可以根据经济周期的不同阶段判断不同行业的股票走势。经济周期与股市投资路线建议如图 6-2 所示。

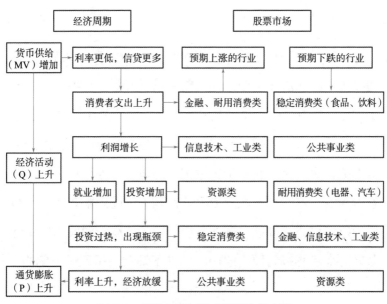

图 6-2 经济周期与股市投资路线建议

第二节 股市交易是概率游戏

一、股市充满不确定性

一方面是外部环境的不确定性，如经济政策、监管政策、商品市场的状况和上市公司经营业绩状况等，交易者对下一步的经济情况、政策走向及公司的经营业绩变化等很难把握；另一方面是股市内部所具有的不确定性，股市由众多的交易者构成，每个交易者的个人性格、情绪、行为都具有较大的不确定性，这些都影响交易者的操作，进而影响走势。没有任何办法可以知道这么多人各自采取的行动会对股市产生什么样的综合影响，所以股市的这种不确定性是不可避免的。

二、股市交易是概率游戏

股市交易是概率游戏。所谓概率，简言之，即事件出现或发生的机会。你的预测不可能百分百准确，这就是概率游戏的含义。

作为股票投资者，你必须承认市场永远是对的。你必须接受这样一个事实，即市场中"任何事情都可能会发生"，必须承认自己是渺小的，必须敬畏市场，坦然接受市场风险。只有真正接受了风险，眼前的一切变化才不会让你感到恐惧。只有磨炼出"见怪不怪"的赢家心态，才能在面对盘势的任何极端变化时，坦然接受，不再恐惧。活在当下，以一种开放的心态接纳眼前的一切，以平常心面对股市的变化，才会成为股市的长期赢家。只有通过概率思维，才能在纷繁复杂的指标和信息中审时度势，辨认真伪，而不必依赖预测告知你未来的动向。

概率思维能使你保持心境平和，在涨跌无常的股市中保持良好的心态。"股市交易是概率游戏"这句话说来简单，却蕴含着至少两大含义：一是股市不可预测；二是错了就要及时止损。

第三节　牛市三期与熊市三期

由于经济的周期性和人的贪婪、恐惧本性，股市永远在牛熊之间循环，就像四季变化，春生夏长，秋收冬藏。牛熊循环与经济状况、货币政策、心理因素等有密切关系，见表6-1。

表6-1 股市的四季

四季	股市	货币政策	利率	企业业绩	股价	变动原因
春	牛市	货币宽松	↓	↘	↑	经济不景气，利率下调，投资增加，预期向好，股价上升
夏			↘	↑	↗	经济恢复，股价整体飘红，"垃圾股"股价冲上天
秋	熊市	货币紧缩	↑	→	↘	经济过热，通货膨胀，利率上调，货币紧缩，经济停滞，股价下降
冬			↗	↓	↓	经济衰退，企业业绩下降，信心丧失，股市整体下跌

一、牛市三期与熊市三期

对于成熟市场，牛市、熊市的转换通常以3~5年为一个周期，一个完整的市场周期一般上升期为2~3年，下跌期为1~2年。当股票市场处于牛市时，过度乐观的情绪会取代对投资价值的正确评估，成为推动股价上涨的主要力量；反之，当股票市场处于熊市时，过度悲观的情绪同样会取代对投资价值的正确评估，成为推动股价下跌的主要力量。当最后一个悲观者也变成乐观者时，市场就走到了牛市的尽头；同时，当最后一个乐观者也变成悲观者时，市场也就走到了熊市的尽头。股市运行周期中的投资者心理变化见表6-2。

表6-2 股市运行周期中的投资者心理变化

	牛市三期	熊市三期
第一期	少数远见者开始相信一切会变好	人人断言一切永远会更好
第二期	多数人意识到的确在变好	多数人意识到事态变坏
第三期	人人断言一切永远会更好	人人相信形势会更糟

股市历史的运行轨迹是亿万投资者的综合加权平均心理曲线。当绝大多数人有强烈的买入股票的愿望时，少数人的恐惧是杞人忧天，股市肯定是大涨小回，市场处于牛市之中；当绝大多数人有卖出股票的愿望时，少数人的盲目乐观是极其危险的，股市肯定是大跌小涨，股市处于熊市之中。

牛市交易活跃，而熊市交易清淡。这种现象是人的自我防御行为的结果。牛市时，人们获利喜欢"落袋为安"，并认为获利主要是因为自己的能力强，自信心膨胀，所以会更加积极地频繁交易；熊市时，人们把亏损归咎为外部因素，而不愿意承认自己的错误，并认为只要不卖出股票，就不算真正的亏损，所以经常握着亏损的股票不交易。

大多数熊市伴随着经济低迷，熊市总是在经济数据变差之前露头，而股市复苏、牛市出现在经济数据向好之前就已开始。同样，在熊市登场之后，乐观派的观点和媒体劲头十足的标题新闻还会持续很久；而在新一轮牛市开始之后，悲观的论调也将继续存在一段时间。这是为什么？因为股市用价格反映未来，是投资者对未来的预期——它只在乎今后的事情，而经济数据是对过去的反映。打算在经济衰退到来之前抛售股票，在经济复苏到来之时买入股票，当然是一件大好事，但经济学家永远无法对此做出准确的预测，这实在太难了。毫无疑问，我们事后才知道发生了经济衰退。但等到人们恍然大悟，市场暴跌早已发生。

二、如何判断牛市和熊市

牛市需要经济基本面、资金面和股价中枢三大要素配合，只有这三者同时从低位向上共振，才会是牛市。经过熊市末期的大幅下跌，当以下这些特征显现时，说明股市开始走牛：①月K线三连阳；②反弹超过20%～30%；③股价在年线以上；④对利空消息无反应。

经过牛市末期的疯狂上涨，当以下这些特征显现时，预示着股市开始走熊：①月K线三连阴；②下跌20%～30%，欲振乏力；③股价在年线以下；④一个让多数投资者吃惊的重大负面事件。

牛市顶部和熊市底部都会出现一些特征，股市的底部一般要经历估值底、政策底、市场底；同样，顶部也会经历估值顶、政策顶、市场顶。牛市顶部和熊市底部特征见表 6-3。

表 6-3　牛市顶部与熊市底部特征

	牛市顶部特征	熊市底部特征
经济基本面	经济过热，通货膨胀	实体经济持续下滑，经济状况极为悲观，希望渺茫
市场估值	估值顶：市场估值创出历史新高，市盈率、市净率高于历史"大顶"的水平。资产出现泡沫，所有股票都很贵，市场已被严重高估，预示着估值顶的到来	估值底：市场估值已创历史新低，市盈率、市净率低于历史大底的水平。所有股票都极度便宜，市场已被严重低估，预示着估值底的到来
资金面	政策顶：宏观调控，货币紧缩，加息、提高存款准备金率，预示着政策顶的到来	政策底：政府开始救市，降息、降低存款准备金率，并向市场注入大量流动资金。当"国家队"社保、汇金开始增持时，预示着政策底的到来
情绪面	市场顶：市场情绪疯狂，成交量持续保持高位，但大盘指数上升已出现停顿。当多数投资顾问认定上涨，人人都在谈论股市，连卖冰棍的老太太都来买股票的时候，股市已经见顶	市场底：市场气氛极度悲观，极少有人愿意谈论股市。像巴菲特之类的价值投资者都成为讽刺的对象之时，大跌基本上已经过去。股谚云"量在价先"，市场持续低迷，成交量创新低，资金入市的意愿降到冰点。所有人都把未来想象得最黑暗的时刻，这时股市大底也就筑成了，这就是所谓的真正的股市底部——市场底
技术形态	头肩顶　　M 顶　　圆弧顶	头肩底　　W 底　　圆弧底

三、不同阶段采取不同的投资策略

（一）绝望中见底，谨慎中走高，乐观中见顶

大投机家安德烈·科斯托拉尼认为：任何一次牛市和熊市都由3部分组成，即校正时期、情绪波动时期、夸张时期（图6-3）。市场在绝望中见底，谨慎中走高，乐观中见顶。全部的投资技巧，就在于判定市场是处在哪个时期，并顺势买入或卖出。牛市以买入和持股为主，熊市以卖出和持币为主，熊市中可以把资金投资到债券或其他领域。

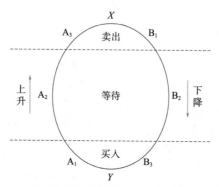

绝望中见底，谨慎中走高，乐观中见顶

图6-3 安德烈·科斯托拉尼的"鸡蛋"

股票市场有两种投资者：聪明的投资者，市场投资者。聪明的投资者指成功利用股票价格周期进行交易的投资者，

也称为周期投资者。市场投资者指顺应市场心理进行交易的投资者，也称为趋势投资者。

在图 6-3 中：

A_1 为校正时期。由于前期跌幅太大，投资价值显现，聪明投资者已经入市，市场投资者也开始入市，资金面已经开始趋向积极。此时，负面消息已不能再继续使股票价格下跌了。

A_2 为情绪波动时期。投资者的情绪不断改善，聪明的投资者已经入市并持股观望，市场投资者入市人数不断增多，股价有一定幅度的上涨。市场心理变得比较敏感，如果有负面的消息，股票的价格仍会下跌。

A_3 为夸张时期。市场投资者开始大量入市，各种股票的价格开始快速上涨并纷纷创下新高，部分市场投资者甚至借入资金入市，情绪高涨，疯狂买入。在 X 点附近，市场人气达到顶点。聪明的投资者感觉市场风险加大，已经开始卖出股票。

B_1 为校正时期。由于前期股价涨得太高，聪明的投资者已经卖出股票，股价开始下调，市场投资者也开始卖出股票，已经没有新的资金进入股市，资金面因素开始趋于消极。

B_2 为情绪波动时期。不利因素（上升的利息、衰退的经济、悲观等）增多，聪明的投资者已经离开市场，持币观望。市场投资者抛售股票的人数增多，股价有一定幅度的下跌。市场心理变得非常敏感，遇到利好消息股市也会反弹。

B_3 为夸张时期。悲观情绪加重，股票价格下跌幅度超过市场投资者的心理承受力，慌乱中大量抛售股票，成交量剧增。市场心理急剧恶化，在 Y 点附近，市场人气达到了最低点。聪明的投资者开始低价购入股票，而市场投资者已退出市场。

成功的周期投资者的操作策略是：在 $B_3 \sim A_1$ 时期购入股票；在 A_2 时期等待，持有股票；在 $A_3 \sim B_1$ 时期抛售股票；在 B_2 时期等待，持有现金。

（二）安全渡过熊市

要想长期获利，最重要的就是要安全渡过熊市。为什么？因为一轮熊市会使投资者的资金缩水 20%～90%，熊市中亏损的钱，可能要今后很多年才能赚回，有时甚至无法再赚回。牛市中大部分人都能挣钱，但熊市到来后大量投资者不但把牛市挣来的钱亏得一干二净，还把大部分本金亏进去了。

熊市中绝大多数股票都随大盘下跌，此时的交易大多时间在亏钱。亏钱使投资者情绪沮丧，无法忍受重大损失给他们所带来的痛苦。投资者往往无法快速认赔出局，于是追加资金，期待着行情的反转，结果事与愿违，造成更大损失甚至输光。当人们感受到压力时，非理性行为就会增加。在面对损失时，行动急迫性受到强化。对大多数人来说，在熊市中做出理性的决策几乎是不可能的，情绪化操作屡见不鲜。因此，安全渡过熊市的最好方法就是远离熊市，空仓等待。熊市中可以把资金投资到债券或其他领域。

（三）少量参与熊市中的中级反弹

股价跌多了肯定会反弹，但熊市中抢反弹要格外小心。抢反弹、套牢、割肉，再抢反弹、再套牢、再割肉，熊市里90%以上的散户就是这样"死"掉的。熊市中，可以少量参与中级反弹，但绝不能拿全部资金去冒险。熊市交易止损最为重要，看错了方向，一定要认赔出场。投资者一定要严格按照原则交易，不能让情绪影响交易系统的执行。如果做不到这一点，投资者最好远离熊市。

熊市下半场大部分股票被低估，但由于人们的悲观和恐惧心理，股价仍将下跌，"熊市不言底"，熊市的底是一个无底洞，深不可测，熊市抄底就是去接一把下坠的匕首，一定会被斩断手脚的。因此，绝不要盲目抄底。马丁·茨威格认为，熊市抄底就像试图抓住从高空落下的保险箱。投资者有时候太渴望得到保险箱里面值钱的东西，而往往忽视了物理学的定律，幻想着就像抓住一个高飞过来的棒球一样，在空中一把抓住这个保险箱，但这样做是会伤到自己的。在大多数情况下，倒不如等保险箱砸到人行道上，又轻轻弹起的时候，再过去卷走里边的财宝，这样似乎更简单、更安全。

熊市快要结束时，波动性往往会达到峰值——这会使人们彻底崩溃。形势不妙时，人们总是会放弃可靠而正确的投资判断，陷入恐慌。"股市血流成河"时，正是买进的最佳时机。然而，投资者往往在熊市接近尾声时宣判自己股票的"死刑"，认为在这个令人恐惧的熊市之中，股价不可能涨了。其实，每个熊市后面都会跟着一个牛市。

机会是跌出来的，风险是涨出来的。什么时候风险最高？当人们心情愉快、志得意满、无所畏惧之时——往往就在这种时候，股市最有可能下跌。什么时候风险最低？当人们暴跳如雷、疯狂抛售、恐惧焦虑之时——通常不久之后，股市就会大涨。

最大的、最终的机会只会来自真正的底部，但静静守望底部的出现比以身试法的抄底来得安全和高效。一个妥协或者难度相对较低的策略是：熊市中，保持平常心，不冲动，不侥幸，牢记"现金为王"，有所不为才有所为。等到众人对股市失去耐心与信心的那一天，再做一名勇士，"杀"进这个战场！不要天天想着哪里能抄到最低点，耐心等行情反转真正确立，顺势而为，即便没有得到所谓的"盈利最大化"，也避免了"风险最大化"。

第七章

洞悉交易心理

第一节　股市交易的实质是心理博弈

一、股市交易中的 3 个群体

　　股市交易中存在 3 个群体：买方、卖方和观望者。股市
是一个松散的组织群体，市场行为的基本动力相当简单，股

市中有三种主要力量，即认为价格低而入场者（乐观者）、认为价格高而出场者（悲观者）及正在观察价格高低准备入场或出场的投资者（犹豫者）。市场环境的残酷是独一无二的，因为每个人都是你的对手，当然你也是每个人的对手。股市群体中的每一位成员都想着自己能比别人聪明，从而赚到别人手中的钱。

每一笔交易成交价代表当时交易群体的共识，实际上所有投资者都是在为未来价格的涨跌（反映群体的情绪）下赌注。群体的情绪不断在犹豫、乐观或悲观之间转换，股市价格也随之上涨或下跌，价值投资之父本杰明·格雷厄姆称之为"市场先生"（Mr. Market）。人类的非理性会使市场随投资者对风险的感知程度而发生变化。投资大鳄乔治·索罗斯说过："股票价格变化是历史过程的一部分，参与者的期望和事件过程相互影响，这种影响作为因果因素在这一过程中起作用——自我强化、自我校正。"市场影响投资者，投资者的投资行为也会反过来影响市场。

在任何交易过程中，有一个人卖就有另一个人买，而双方都认为自己比对方聪明，认为卖的值或买的值。其实，在这个世界里，每一分钟都会诞生一个"笨蛋"，他的存在就是以高于你支付的价格购买你的股票。只要有人肯买，任何价格都不算高；而如果没有人买，再低的价格也不算低，这就是大众心理。因此，牛市里，再高的股价也不算高；熊市里，再低的股价也不为低。价值完全取决于别人愿意支付的价格。

二、股市交易的实质是心理的博弈

股市交易的实质是心理的博弈，人性的弱点在股市中表现得淋漓尽致：贪婪、恐惧、冒险、奢望、冲动、自大、幻想、急于求成……投资者的情绪随市场的涨跌而起伏，追涨杀跌。成千上万的市场参与者的情绪汇聚成一股巨大的心理潮流，正是这股潮流推动着市场前行。从某种角度来说，市场中任何事情都有可能发生，市场中的每一刻都具有独一无二的性质。股市充满不确定性，但人们总是不断寻求确定性，对未来妄加猜测。社会和经济现象不是自然现象，涉及的变量太多，花太多时间建立所谓的数学模型，很可能是费力不讨好。

股市就像一块魔镜，在这块魔镜面前，人间百态尽显无遗。因为人性的贪婪造成股市泡沫，因为恐惧而使泡沫终归破灭，最后又因为主观与偏见使得泡沫的形成与破灭周而复始地重演，股市的暴涨暴跌也总是循环交替地出现。如果说暴涨根植于人类贪婪基因的本性之中，那么暴跌就是对股市的一次彻底清算——适者生存，不适者淘汰。

有人说，股市是一个大赌场，从某种意义上说，股市的确存在投机成分，把它比喻成大赌场也未尝不可。但是排除少量的内幕交易、股票操纵、诈骗术之后，我们会很惊讶地发现，大部分交易的确是干净的、诚实的、公开的。从另一个角度看，股市并非什么大赌场，它并不是人们狂欢放纵的场所。股票交易的实质，是对各种代表企业的股票进行评估和交换。这无疑是人类历史上最公平公正的交易之一。

好的企业可以创造财富，伴随着企业价值的增长，股票价格也会增长。随着时间的推移，股票市场的回报来自两个关键部分：投资收益和投机收益。投资收益是一只股票的增值，因为它的红利和后来的盈利都在增长；而投机收益是来自一只股票的市盈率变化的冲击。投资者以低于资产估值的价格买入股票，取得收益的多少取决于这些股票的财务表现。形成鲜明对照的是，投机者购买股票是因为他们相信它将升值，他们总认为还有其他投资者愿意在某一点上为之支付更多的钱。投资者收到的回报基于他们大量准确的分析，而投机者能否有收益取决于是否有其他容易上当受骗的人。

股票交易过程，实质上就是投资者与人性弱点不断抗争的过程。只有努力战胜人性的诸多弱点，投资者才能在这个市场中长久生存与发展。

第二节　情绪化是成功交易的天敌

一、情绪化交易的危害

（一）情绪交易者的"心电图"

投资者必须用自己的理智来交易，不能跟着感觉走。当一个人的内心充满矛盾和冲突的时候，最典型的行为是不采取任何行动。投资者在市场的成功或失败取决于其思考和情感，取决于对风险收益贪婪、对损失恐惧的态度，以及如何看待交易的快感与风险。那些赢了兴奋、输了沮丧的投资者集聚不起财富，因为他们的行为受情绪的左右。

如果投资者的情绪被市场左右，就会赔钱。图 7-1 是一个股市交易者（股市新手）交易过程的情绪变化"心电图"，交易者的情绪在"犹豫—自信—骄傲—懊悔—失望—生气—气疯—盲目跟风"中循环。

大多数人把时间花在了寻找好的交易机会上，一旦他们开始交易，就对自己失去控制，不是因为痛苦而不安，就是因为兴奋而笑得合不拢嘴。他们的情绪就像坐过山车一样起起落落，都忘记了获胜的基本因素是要有良好的自我控制力。正是由于他们不能控制的情绪，结果导致糟糕的投资绩效。如果你的思考与市场不同步，或者忽视了群体心理的变化，就不可能达成赚钱的交易。

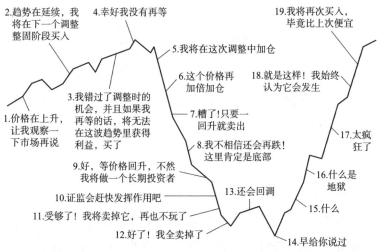

图 7-1　股市交易者（股市新手）交易过程的情绪变化"心电图"

大多数人无法遵照自己的交易原则进行操作，因为他们的感受和行为会受群体影响。如今媒体的影响力越来越大，人们的注意力很大程度上会受周围人的影响。理性的投资者能从非理性的群体中赚到钱。市场是非理性的，要获得投资收益，必须保持理性。本杰明·格雷厄姆所说的，我们要充分利用"市场先生"，而不是被"市场先生"利用，就是这个道理。

（二）不良情绪和错误心理会导致投资失误

常见的不良情绪和错误心理包括：轻信与盲从、期望与侥幸、贪婪与恐惧、自负与顽固。

1. 轻信与盲从

有些交易者习惯受专家意见或媒体报道左右，危害极大。交易者之所以过于迷信专家，是因为缺少独立思考的能力。一个不能独立思考的交易者，所承担的风险要比一般交易者大得多。从众心理很容易导致盲从，而盲从往往会使自己陷入骗局或遭遇失败。

2. 期望与侥幸

股价上涨，我们会希望它涨得更多；股价下跌，我们会希望它赶快回升；股市大跌，当我们深套其中时，会希望政府赶紧救市……满怀希望当然会使我们感觉舒服，但是"希望"不是股价上涨的驱动力，只能使交易者健全的判断受到歪曲，无疑只能招致更大的损失。股票交易获利本身是一个概率问题，侥幸心理意味着什么呢？意味着自己所希望的那件事情，本身就是不容易发生的小概率事件。这样的事情发生一次、两次是运气。当我们的账户出现亏损时，我们不应心存侥幸，而是应该立即止损。当一只股票不断下跌时，可以肯定这其中一定有问题，不是市场有问题，就是公司本身有问题。不要存有任何侥幸心理，不要做股价反转的美梦。

3. 贪婪与恐惧

贪婪与恐惧是股市交易中常见的心理现象，也是推动股市波动的主要力量。贪婪和恐惧都会扭曲我们对大势的判断，恐惧使我们失去机会，贪婪则使我们陷入危险而不知。贪婪心理包括一心想发大财、永不满足等，贪婪心理会使人们期待盈利的心理无限膨胀，人们往往会因为贪婪而忽视股市风险，从而造成重大损失。恐惧是一种比贪婪更强烈、更猛爆的心理活动，这也是股市在空头市场时跌势通常极为猛烈、让人措手不及的原因。

4. 自负与顽固

自负心理会导致交易者过度自信，在所有影响交易者的心理偏见中，最严重的就是过度自信。交易者觉得自己料事如神，可以预测股价的走势，从而高估自己的投资能力，导致交易者做出过度交易、冒险交易等错误交易决策。顽固心理是一种一成不变的习惯化的投资偏好，有时交易者不顾变化了的客观事实，也要为自己持有某只股票而强调一些貌似合理的理由。交易者面对的是一个充满变化的市场，灵活性才是股市生存之道。

二、理性、耐心与警觉是制胜的关键

在股市交易中，正确的心态应该是理性、耐心、警觉。

（一）理性

只要是人，就有情绪波动。来自内心深处的内部压力与来自市场的外部压力会互相作用，共同影响一个人的决策。如果你感到害怕、沮丧或懊悔，那你大概率会赔钱。一旦你意识到自己的脑海里闪着狂热或恐惧，就要停止你的交易。作为一名投资者，成功与失败取决于你控制情绪的能力。唯有心如止水，才能登上投资成功之巅。

（二）耐心

只有既懂得股市运行规律，又能坐得住的人才算了不起，这的确很难做到，但只有真正做到了，才能在股市中赚大钱。市场似乎总是在人们斩仓后立即反转，这是因为群体成员正遭遇同样的担心，所以大多数人会同时斩仓。一旦恐慌性抛盘结束，市场肯定向上，此时乐观情绪重返市场，又开始新一轮狂买。

1. 耐心是制胜的关键

股票作手杰西·利弗莫尔说："盲目而频繁的交易是造成华尔街投资者亏损的主要原因，即使在专业投资者中，也是这样。但我必须做正确的选择，我不能草率行事，所以我静静等着。我赚大钱的秘密就是我常常只是静静地坐着。"但是由于受急功近利的人性弱点制约，既能看对行情又能捂住股票的投资者少之又少。

耐心等待买入机会、耐心持仓与果断止损是相反方向的两个操作环节，前者要求投资者面对盈利时要胸有成竹、信步闲庭，后者则要求投资者面对亏损时要沉着冷静果断处置。因此，投资者所需要的耐心是指当仓位处于盈利状态时，主动坚定地持股以扩大利润，而不是在亏损状态时被动无奈地持股以等待解套。

2. 宁可踏空，也不要被套牢

大自然痛恨真空，人类害怕空虚，股市投资者害怕踏空。投资者往往由于害怕踏空而盲目入市，造成巨大损失。害怕踏空，这种现象常常发生在股票价格大幅上扬之后，如果投资者在大规模股价上扬时没有采取投资行为，就会有错失机会的感觉。这种踏空的恐惧是如此强烈，常常使他们不顾一切地投入资金，结果损失惨重。不要试图赶上一班人满为患的地铁，再过几分钟后也许会有一班空空荡荡的地铁驶来。在股票市场中，从来不缺少机会，缺少的是耐心。

正确的入场、出场方式是：入场要慢，出场要快，宁愿踏空也不被套牢。如果你遍寻不着可以投资的对象，最好的方法就是什么都不做。不做起码不亏也不盈，还可能胜过大部分人的操作交易，因为股市中有七成股民在亏钱。

（三）警觉

投资者要始终保持警觉，独立思考。明白"天上不会掉馅饼"，经纪人主动提供的信息往往不如自己分析寻找的信息有价值；不要因为媒体对股票市场或升或降的宣传而惊慌失措，要清楚信息的来源。

一个公司不会永远保持高增长，投资者对于持有的股票同样要保持警觉，时刻关注公司的发展动向、业绩增长是否变缓或者下滑。未雨绸缪，要有敏锐的洞察力和远见，充分了解政治经济形势、政策导向、资金供求关系对大盘和行业板块的影响，有重大利空消息时果断减仓。

第三节　跨越交易的陷阱

股市交易中有四个死亡陷阱：无原则交易，盲目听信别人的意见；重仓交易，没有风险控制策略；逆势交易，向下摊平；过度交易，频繁操作。这些都是情绪化交易的表现，必须跨越这些交易陷阱，建立适合自己的交易系统，成为自律的交易者，如图 7-2 所示。

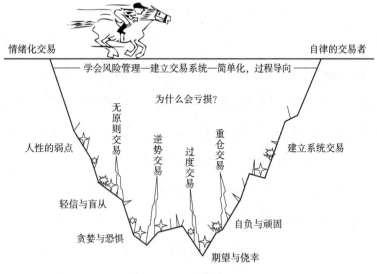

图 7-2　跨越交易的陷阱

一、无原则交易

在实际交易中，许多投资者的决策基础往往建立在预感、小道消息、专家意见、潮流、谣言或纯粹对损失的恐惧之上，即决策建立在更多地听信别人的意见，而不是制定自己的交易规则，结果造成巨大损失。交易者一定要有警觉，不要盲目听信所谓"股票专家"的意见。"价格上涨，看好后市；价格下跌，看空后市"，这是"股票专家"最乐意干的事情。大多数市场分析师成事不足败事有余，比如证券分析师的五部曲：预测—抵赖—修正—狡辩—再修正。分析家大多是事后诸葛亮，投资者千万要擦亮眼睛，谨防上当。

即使你按朋友的推荐买对了股票的时点，也很难保证能按正确的时点卖出股票而盈利。如果你真想在股市中稳赚，只有一个选择：自己动手！自己分析、鉴别各种资讯并加以合理利用，把朋友、专业投资者的建议当作参考，一定要自己分析，自己做决定，一定要有自己的买卖原则。

股市中充斥着大量的资讯和消息，正式的和非正式的，积极的和消极的，利空的和利多的，传闻、猜测、流言蜚语满天飞。这些消息有价值，也有陷阱，需要自己去鉴别、分析，去伪存真，合理地加以利用。表 7-1 综合了股市中各种消息的来源、传递方式、内容、特点、作用和影响。

表 7-1　股市中各种消息对比

消息名称			内容	特点
来源	正式消息		包括法律法规、政策条文、国家领导人发言讲话、证监会和证券交易所新闻公告、各上市公司招股、上市说明书、年终业绩报告、股东大会决议、董事会公告等	由政府指定的新闻媒介向公众传播，具有共享性、公开性，对股市影响较为长远，范围较广，其结果是可预见并能把握的
	非正式消息	传闻、流言	多为对尚未出台的法规条文、政策的透露	模棱两可，真真假假，似是而非，对于传闻流言要认真分析其真伪
		猜测、预计	见于股评、分析家之言	同样需要交易者去伪存真，不能轻信盲从、贸然而动
		谣言	人为制造出来的	此类消息来去匆匆，杳无踪影，蛊惑人心，传播快，危害大
传递方式	正规渠道消息		新闻媒体如电台、电视台、网站、报纸、杂志等刊登或播放的消息	正规渠道传播的消息并非全是正式消息
	非正规渠道消息		口头传播的小道消息	此类消息以谣言居多，真实性当时无法证实，可靠性差
作用	利好消息		银行利率降低、公司经营状况好转等消息	对多头有利，能够刺激股指上涨
	利空消息		银根收紧、利率上升、经济衰退、公司经营状况恶化等消息	对空头有利，能够促使股价下跌
	中性消息		对大盘或个股既不构成利好也不构成利空的消息	中性消息对股指起不起什么作用，交易者可以不去关注

（续）

消息名称		内容	特点
影响	影响大盘走势的消息	多为基本面性质的消息，如银行存贷款利率的变化，管理层对政治、经济、股票市场等方面决策的变化，重大的经济、政治、外交或军事事件等	往往决定着个股走势。这些信息披露后，个股欲走出逆势行情十分困难，即使在以个股和板块行情为主的市场格局中，影响力稍大的消息面因素仍将在影响股指走向的同时，对绝大多数个股的走势形成相当大的制约
	影响个股走势的消息	一般是指个股基本面发生大的或者重大变化的消息，如上市公司配股、上市公司出现违法违规事件、上市公司经营业绩突变等	对大盘的影响变化甚微（权重较大的个股会有一定的影响），但对持有该股票的交易者来说，则要么是从天上掉下的馅饼，要么是晴天霹雳的噩梦

无原则交易的根源在于投资者对股市的无知、轻信与盲从，以及对专家、权威的迷信心理。交易者对专家、权威的迷信心理一旦用于股市投资，危害极大。其实，这里面有一些心理陷阱：首先，专家以前的成功只代表过去，并不代表现在也能成功；其次，专家也会犯错。如果你留意观察，就会发现一个非常有趣的现象：股市的走向总是与大多数股市专家的观点背道而驰。

二、重仓交易

重仓交易的危险性显而易见，一次失误，投资者就会被扫地出门，再也没有翻身的机会。重仓交易是一种赌博行为，重仓的诱惑在于交易者的眼睛只看到其所可能带来的暴利，而忽视其必然带来高风险。这种高风险在期货、股市之类的高杠杆交易中可以被放大到瞬间爆仓的可怕程度，也就是大家通常说的 99 次成功，只要最后一次爆仓就彻底失败。

重仓交易的根源可能来自人的贪婪和过度自信，也可能来自人在大亏之后极度恐惧情况下的冒险心理，急于挽回以前的损失。输家往往无法快速认赔出局，为了挽回损失而追加资金，甚至拿全部资金去冒险期待行情反转，结果事与愿违，造成更大的损失甚至输光。

乔治·索罗斯说过："我主要的还是着眼于限制亏损，而不是牟取暴利。"重仓交易的错误就在于只想着牟取暴利而忽视了风险。股市风险随时隐藏在每个投资者身上，也就是说无论股市处于任何时期，投资者都应具备一定的风险意识，同时采取必要的风险控制策略，一定要避免重仓交易。

三、逆势交易

当趋势下跌时，买入的股票不断亏损，你不断买进"摊低成本"，利用对冲隐瞒损失，而不是壮士断臂。当市场与你作对时，不断地改变止损值，一直在做反转的美梦，即使存在大量证据说明你的想法是错误的，你仍然执迷不悟。总之，当你亏损时不止损，不承认错误，反而期望后市会反弹，越跌越补仓，结果损失越来越大，甚至赔光一切。

逆势交易的危害性与重仓交易的情况不太一样。如果说重仓交易可能让投机者"猝死"，那么，逆势交易大多数时候就像温水煮青蛙，让投机者慢慢地"死"。相对于重仓交易，投资者逆势操作的行为更具有普遍性，在股市中几乎随处可见。因而，它对投资者造成的实际危害更大，更具有毁灭性的后果。

逆势交易的根源在于人的期望与侥幸心理，不愿意承认失败，企图挽回损失。但下跌趋势一旦形成，将势不可挡。就像船开始下沉时，不要祷告，要赶紧脱身。知道如何从困境中解脱，是交易者最可贵的投资天赋。

要想成功，绝不能逆势补仓，反复补仓的最后结果很可能是筹码全部被套，再也没有资金进行补仓，从而造成巨大损失。

及时止损，尽量不让初始损失过大，以免造成情绪上的不良效应，这对投资者极其重要。保住本金，防守反击，循序渐进，是交易者生存的基础。要想在这个市场生存，必须牢记这些生死戒律。

四、过度交易

　　过度交易、频繁操作的危害绝不仅仅是大大增加了交易成本，还会使你在市场处于单边上涨状态时错过获利机会，更可怕的是可能由于判断错误或"黑天鹅"的不期而至，导致在买入后遭遇暴跌，陷入深度套牢，造成巨大损失。从更广义的范围来讲，频繁操作还会造成交易者的身体极度疲劳、精神压力巨大，以致失眠、脾气变坏。

　　过度交易的根源是人的自负与顽固不化，害怕错失机会或急于挽回以前的损失，或者自我膨胀等。

　　过度交易还影响投资者对大势的判断，同样是一种致命的行为。研究发现，股市上交易的频率越高，损失越大；相反，交易的频率越低，成功的机会越高。如果把总交易笔数减少为零，最起码可以保持不盈不亏，显然胜过绝大多数交易者的绩效，因为股市交易的结果是大多数交易会赔钱。

第八章

控制自我

第一节　建立交易系统，以不变应万变

　　情绪化是交易的天敌，成功的交易需要纪律，个人交易者在股市交易中不会有来自外部的控制，你必须控制自我。股市交易很残酷，如果希望长期获利，就必须克服情绪化交易，建立适合自己的交易系统，成为自律的交易者。

一、学会风险管理

"不确定性"是股市不变的真理，没有任何人可以百分百地正确预测股价的走向，也没有百分百无风险的买点，控制风险是交易成功的不二法宝。只有在无序的市场中建立有序的交易规则，才能在股市上克敌制胜。

亏损 10%，需要 11% 盈利就能弥补；亏损 50%，需要 100% 盈利才能弥补；而亏损 90%，需要盈利 900% 才能弥补，这种情况下挽回损失的成功率很低。亏损后赚回亏损所需的收益率见表 8-1。

表 8-1 亏损后赚回亏损所需的收益率

亏损率（%）	-10	-20	-30	-40	-50	-60	-70	-80	-90
赚回损失所需收益率（%）	11	25	43	67	100	150	233	400	900

股市交易，最重要的是要保存实力，不要亏大钱。本钱就像农民的种子一样，没有了种子就不可能有大丰收。如果市场情况不好，让钱闲着也远胜于投资。无论使用哪一种交易策略，止损都要无条件执行，这是一条基本的生存法则。止损的执行力，基本可以衡量一个投资者的操作水平。评价一个投资者的水平高低，不是看他把握买点的能力，最重要的是买错之后的应急处理能力。对于错误的

买入，唯一正确的操作就是及时止损。

二、建立适合自己的交易系统

交易系统可以协助辨识机会，有助于做好仓位管理和风险控制。交易系统告诉交易者何时进场和何时出场，防止情绪化交易。交易者的忧虑基本上来自未来的"不确定性"。由于不知道将来如何发展，所以交易者感到忧虑。每个人都期望确定性，交易系统虽然不能预测未来，但可以预先拟定各种可能情况的对策，以不变应万变，这也是交易系统之所以如此重要的原因。我们唯一可以控制的是我们自己，虽然不能控制未来的事件，但可以预先拟定对策。因此，交易系统可以剔除许多不确定成分，而这些不确定成分也正是导致交易者情绪发生的原因。一套交易系统可以释放投资者的心理压力，会使交易变得更自然，让人觉得放松，甚至可以享受交易。

交易系统指的是什么？交易方法、资金管理、心态控制结合起来就是交易系统，也就是人们通常所说的成功交易的三大支柱：

- 交易方法：选股及买进卖出的策略及所做的分析和交易计划。

● 资金管理：交易中投入的资金数额，仓位管理和风险管理。

● 心态控制：严格按照交易原则行事的能力，即心理和情绪控制力。

成功的交易 = 七分心态 + 二分资金管理 + 一分交易方法

如图 8-1 所示，在成功的交易中，心理因素占 70%，成功意味着更少的情绪，在最佳心境下交易；资金管理占 20%，成功在于能够控制风险，重视资金管理；交易方法虽然只占 10%，但千万不要小看这 10%，因为错误的方法会使投资者陷入失败的深渊（图 8-1）。这里只是想说，通过实践找到适合自己的交易方法并不难，难的是能否始终按照自己的交易原则去做，因为交易过程中外部环境的影响加上人的贪婪和恐惧本性会使投资者的操作变形。

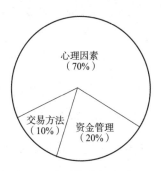

图 8-1　交易成败的关键因素

三、成为自律的交易者

成为自律的交易者，意味着决策不能受情绪的影响，最好的办法就是建立适合自己的交易系统并严格遵守交易规则，预先知道各种市场状况发展的应对方法，预先准备而不是临时应对。不论盈亏，交易系统都不应受到影响。自律精神就是让交易者的交易系统的机械部分更浓一些，而情绪部分更淡一些，这样可以减轻交易者的精神压力。清晰的交易系统，有助于投资者更容易采取果断的行动。自律其实就是在我们不想做的时候去做应该做的事。

第二节　交易方法让你赢在起跑线上

交易方法是股票交易的基础，正确的交易方法让你赢在起跑线上。正确的交易方法应该包括：选择一种适合自己的投资策略，制定挑选最佳个股的原则，确定正确买卖时机的原则。另外，交易方法必须简单和符合逻辑，更重要的一点是还要经过有效性验证。

一、交易风格与交易策略

（一）3 种典型的交易风格

按交易风格划分，有 3 种类型的投资者：预言者，理想主义者，实用主义者，如图 8-2 所示。

预言者
  周期理论
  艾洛特波浪理论
  K线形态
  江恩理论
  几何分析法
  ……

理想主义者
  移动平均线MA
  平滑异同移动平均线MACD
  相对强弱指数RSI
  平均趋向指数ADX
  动向指标DMI
  随机指数KDJ
  趋势线
  轨道线
  斐波那契比率
  ……

实用主义者
  活在当下，重点关注价格和成交量，
  对无法控制的东西不感兴趣
  既没有兴趣过多地考虑未来，
  也不把众多的技术分析奉为圭臬
  （因为技术指标反映的是过去）
  道氏理论
  统计分析
  成交量分析
  历史数据分析
  ……

图 8-2 3 种类型的交易风格

1. 预言者

预言者偏好复杂的事物，用极其复杂的方法预测股价趋势并进行买卖。预言者的分析工具主要有周期理论、艾洛特波浪理论、K 线形态、江恩理论、几何分析法等。众多的投资者被预言者所吸引，原因在于预言者自称可以知道股市的未来。虽然几次正确的预测是有可能的，但股市变幻莫测，预言者的预测不可能永远正确。有时预言者过度的乐观与自信，反而会使投资者陷入交易的陷阱。

2. 理想主义者

理想主义者过于相信技术指标，依据技术分析买卖，但技术指标反映的是过去，昭示的未必是未来，过度迷信技术指标必将陷入交易的陷阱。理想主义者的分析工具主要有移动平均线 MA、平滑异同移动平均线 MACD、相对强弱指数 RSI、平均趋向指数 ADX、动向指标 DMI、随机指数 KDJ、趋势线、轨道线、斐波那契比率等。

3. 实用主义者

实用主义者对无法控制的东西不感兴趣，他们既没有兴趣过多地预测未来，也不把众多的技术分析奉为圭臬，因为技术指标反映的是过去。实用主义者活在当下，重点关注价格和成交量，使用的工具主要有道氏理论、统计分析、成交量分析、历史数据分析等。

（二）4 种典型的投资策略

股市交易中有 4 种典型的投资策略：价值投资，成长投资，波段投资，趋势投资。这 4 种典型投资策略的优缺点见表 8-2。

表 8-2 4 种典型投资策略的优缺点

投资策略	做法	分析	优点	缺点
价值投资	买入被低估的股票等其充分反映价值时卖出	基本面分析	1. 交易成本低 2. 不需要天天盯盘 3. 收益率高并且具有持续性	1. 采用"买入并持有"策略，一轮熊市会使资金缩水 20% ~ 90% 2. 估值很困难，需要较高技术水平。估值错误会给投资者带来损失 3. 经常需要忍受股价持续下跌的心理压力
成长投资	购买较大潜力且快速成长的公司股票	基本面分析	1. 交易成本低 2. 不需要天天盯盘 3. 一旦成功，得到的回报会更高	1. 投资成功率较低 2. 采用"买入并持有"策略，一轮熊市会使资金缩水 20% ~ 90% 3. 经常需要忍受股价持续下跌的心理压力
波段投资	逆势交易"低吸高抛"	技术面分析	1. 有更多市场机会进行交易，因为股市 85% 的时间在振荡 2. 较高的准确率 3. 对资金要求低	1. 逆势交易，"抄底逃顶"，风险大 2. 频繁交易，成本高，精力消耗大 3. 平均收益率较低
趋势投资	顺势交易"买涨卖跌"	技术面分析	1. 获利时，一两次交易可以赚到整年的钱 2. 不需要天天盯盘，成本低，投资者大部分时间在休息、观望	1. 股市只有 15% 的时间有趋势，投资者要耐得住寂寞，耐心等待机会的到来 2. 经常会出现一些小损失，容易使投资者产生忧虑情绪，动摇投资者的信心

这 4 种常用投资策略各有利弊。价值投资和成长投资者认为"买股票就是买企业"，需要投资者具有专业化的知识

对股票进行正确的估值，需要更多的基本面分析，需要花很大精力和时间深入了解企业。此外，需要耐心等待买入时机，因为股价被低估的时候并不多，有时买入后还需要忍受股价下跌的心理压力。波段投资对资金的需求低，但它属于逆势交易，"抄底逃顶"风险大，平均收益率低，并且频繁交易，精力消耗大。趋势投资不需要天天盯盘，投资者在一轮明显的上升趋势初期买入，在趋势结束时卖出。但交易中经常会出现一些小损失，容易使投资者产生忧虑情绪，动摇投资者的信心。但采用趋势交易法的投资者获利时，会是很大的胜利，一两次成功的交易就可以赚到其他投资者一整年的钱。

二、选择一种适合自己的交易策略

以上简单介绍了 3 种典型的交易风格和 4 种投资策略，在实际操作中，投资者往往采用二者或多者混合的操作方式，如沃伦·巴菲特总说自己是 85% 的本杰明·格雷厄姆（价值投资之父）+15% 的菲利普·费雪（成长股投资之父），投资者必须从中选择一种适合自己的交易策略。

任何一种方法，它的成功率还取决于运用者的多与少，用的人越少，其准确性越高。人人都讲价值，市场上就不会有价值被低估的股票；人人都讲成长，成长股一定是被高估的；人人都讲趋势，趋势就会变成永动机而漫无止境，就不会有波段操作的机会存在。幸好，股市交易者的策略五花八门，才造成股市交易风格的丰富多彩。

每个交易者都应根据自身的特点和精力选用适合自己的交易策略，建立适合自己的交易系统，只有这样才能在交易中得心应手，取得交易的成功。

三、制定最佳个股的选择原则

股市投资，首先面临的问题就是选股问题。如何选股是最让投资者头痛的问题。听股评家的，不可靠；听小道消息，不可信。选股的方法很多，如根据基本面选股、根据题材选股、根据技术图形选股等。一般来说，短线投资者重视技术面选股，中长线投资者重视基本面选股。技术面选股是选择那些即将或已经突破成交密集区的股票，而基本面选股是选择绩优成长股或价值被低估的股票。许多投资者喜欢选择题材股，因为题材股会被追捧，股价涨势很猛。但题材股往往是"庄家"炒作的对象，股价拉升很快，一旦"庄家"达到获利目的，出货时股价下跌也同样凶猛。因此，选择题材股交易的风险很大。

选股没有固定的模式，投资者可以根据自己的特长选

股。对于散户来说,要想真正赚钱,首先应选择引领股市的行业及该领域的龙头股,然后全神贯注于所选中的几只个股,仔细观察其走势,适时买卖。

四、确定正确的买卖时机

确定正确的买卖时机是股市交易成功的关键,市场择机的重要性甚至超过选股的重要性。可以根据基本面分析和技术面分析确定正确的买卖时机:依据基本面择机的思路是买入被低估的股票,然后等其充分反映实际价值时卖出,这里关键是对股票合理估值,并耐心等待买卖时机。依据技术面择机则是根据股票的技术指标及图表发出的指令进行买卖。

第三节　资金管理为你保驾护航

股票市场永远充满着投机、充满着诱惑、充满着变化、充满着风险……投资者既有大盈一把的可能,也有亏损甚至大亏的可能。股市交易的参与者是人,而人复杂的情绪波动能造成市场的巨幅振荡。

股市交易中资金管理的目的是规避风险，提高资金的使用效率，避免小的失误铸成大错甚至全军覆没。资金管理包括建立投资组合、仓位控制、止损止盈等内容。任何一个学习或开始交易的人，他的第一课，就是必须学会风险管理、学会止损。就好比一个刚开始学开车的人，在知道油门踏板在哪里的同时，也必须知道刹车的踏板在哪里，关键时刻踩下去，可以救命。

一、止损的重要意义和方法

（一）止损是保护自己的重要手段

在股市交易中，任何人包括专业分析人士都会有判断错误的时候，因为人毕竟不是神，不可能对未来进行百分百精确的预测。因此，一旦发现方向判断错误，就应该及时止损，这样至少不会再继续亏损，酿成大祸。这个市场不怕犯错，最怕拖！止损是股票交易中保护自己的重要手段，犹如汽车中的刹车装置，只有在遇到突发情况时善于"刹车"，才能确保安全，止损可以避免遭到大的意外风险。

越是简单的道理越容易被忽略。在充满变数的市场上，很多人都知道止损的重要性，但最后还是在这个坎上摔了跟头，有的人甚至千金散尽！因此，对止损问题进行真正正确

的定位、理解和执行是每个投资者必修的课程。

（二）常用的止损方法

止损方法有很多种，最常用的有最大亏损止损法、技术止损法、时间止损法等。

1. 最大亏损止损法

在买进股票前预先设定止损位置，比如在买入价下方的 5% 或 8% 处，一旦股价有效跌破该止损位置，则立即离场。

2. 技术止损法

指在关键的技术位设定止损单，从而避免亏损的进一步扩大。例如，一旦股价出现如下技术破位走势，则需第一时间先行出局观望：重要的均线被跌破；趋势线的切线被跌破；头肩顶、双顶或圆弧顶头部形态的颈线位被跌破；上升通道的下轨被跌破；缺口的附近被跌破。笔者就常采用技术止损法。

3. 时间止损法

人们普遍关注的是价格止损（也称为空间止损），而忽视时间止损。时间就是金钱，时间止损法使投资者避免在没有良好表现的股票上浪费时间。时间止损是根据交易周期而设计的止损技术。例如，若预计某股票的交易周期为 5 天，买入后在买价一线徘徊超过 5 天，那么其后第二天就应该坚决出仓。从空间止损来看，价格或许还没有抵达止损位置，但是持股时间已跨越时间的界限，为了不扩大时间的损失，此时不妨先出局。

另外还有两种止损方法，其实应该属于止盈的范畴：一是跟踪止损法。指当你买入某只股票前设置了止损位，买入后股价逐步上涨，你已经获得了盈利，这时应该把止损位逐步上移，以确保已经取得的胜利果实。二是回撤止损。指当你买入某只股票之后价格上升，达到一个相对高点后开始下跌，这时你设定从相对高点开始的下跌幅度为止损目标，如5%或8%，具体幅度由个人设定。

二、资金管理的三个目标

资金管理的第一个目标是能长期生存，不能输光，"留得青山在，不怕没柴烧"；第二个目标是实现资金的盈利增长；第三个目标是做长期赢家。

（一）能长期生存

交易之道，刚者易折。唯有至阴至柔，方可纵横天下。成功等于小的亏损，加上大大小小的利润多次累积。每一次的成功，只会使你迈出一小步，但每一次的失败，却会使你向后倒退一大步。从摩天大厦的第一层走到顶楼，可能需要一个小时，但是从楼顶纵身跳下，只要几十秒就可以跌到楼底。成功交易最重要的因素在于严守纪律，接受小损失而避免大损失。

"如果你不愿意亏小钱，迟早就会亏大钱""刚开始时的损失总是最廉价的损失"……尽管有如此多的提醒和忠告，但面对交易不利的局面，投资者普遍的习惯仍然是不愿迅速认赔，避免重大亏损。理性上，一个投资者可能已经认识到止损的重要性，但在实际交易中往往做不到。交易不利时能够果断断臂，迅速止损，需要投资者具备极大的智慧、勇气和毅力。如果投资者不能控制风险，风险迟早会控制自己。习惯接受一些小的损失。不要站在一堵危险的墙下，以免让自己陷入困境，正所谓"君子不立危墙之下"。

（二）实现资金的盈利增长

致富，要慢慢来。就像猴子站在小树枝上，伸手想摘熟透的桃子，但由于树枝太细难以承受它的重量，结果树枝断了，连猴带枝一起掉了下来。投资者总想快速致富，结果却因为冒险太大而把自己给毁了。他们可能会暂时成功，但只要继续待在市场里，迟早会失败。

保守的金钱管理方法能帮助投资者维持战果。如果想发展壮大，就必须控制损失，每次损失不大，就能为自己赢得学习和磨炼的时间，要通过小资金、小损失积累经验。如果价格走势判断正确就加码，如果价格走势判断错误就止损。运用自己的判断力，决定何时加入、何时远离。

（三）做长期赢家

在任何领域，成功的专业人士的目标都是达到个人职业的最佳状态，如成为最好的医生、最好的律师或最好的交易员，做到这一点，钱自然就有了。因此，要想成为长期赢家，你关心的应该是交易是否正确，而不是获利多少。要严肃、清醒、慎重地对待每笔交易，就像做外科手术一样，关注交易质量，制订资金管理计划控制损失，集中精力寻找好的入场点，避免赌博心理，把事情做得正确，盈利自然而然就会出现。

第四节　心态决定大部分成败

导致亏损的主要原因不是投资者的技巧欠缺或市场知识储备不足，而是投资者对错误、亏损的态度和信念，以及当他们感觉良好时容易变得鲁莽的倾向。虽然承认错误和亏损可能令人极为痛苦，也是大家希望逃避的事情，但是投资者从事交易的每一刻里几乎都会碰到这种可能性。成功投资者和一般投资者有一个不同的决定性的特质，就是他们建立了一种独一无二的心态，能够维持纪律与专注，最重要的是能够在逆境中保持信心。成功意味着更少的情绪，在最佳情绪下交易。交易的过程是修炼自己的人格、心态、技术的过程，要想成为成熟的投资者，至少要经过几轮牛熊循环的洗礼。

一、最大的敌人是自己

股票投资者最大的敌人是自己。在股票交易中，投资者的每个买卖决定都取决于盘绕于自己脑海中的恐惧、贪婪、自信、迷茫、沮丧等种种因素，虽然在这些因素之外还有客观的数据及行情走势供参考，但真正下决定的那一瞬间，心理因素往往凌驾于一切之上。能驾驭它，便能做到决断英明，否则便必然会掉进股市的心理陷阱，追悔莫及。

单凭自己的直觉和鲁莽行动进出股市的人，充其量只能算做 "股民"，唯有那些能够克服自己性格上的弱点，排除心理障碍，才能跨越交易的陷阱，以理性的态度进行股票交易的人，才能称之为真正的"投资者"，才能在股市上取得长久的胜利。

决定命运的，不是股票市场，也不是上市公司本身，而是投资者本人。因此，投资者应该培养自己处变不惊、冷静、不冲动和不以物喜不以己悲的良好心理素质，不为股价的涨升跌落所左右，淡然对待一些完全在意料之外的重大利空。这样，即使股价瞬间深幅回调，投资者也能在变幻莫测的股市中保持冷静、客观的判断力，伺机反败为胜。

二、勇于认错，善于改变

江山易改，禀性难移。这说的是人的个性、观念一旦形成，往往会根深蒂固，难以改变。其实，在股票市场奉行的是机会主义，盈利需要的是随机应变的能力和勇气。

投资大鳄乔治·索罗斯的成功来源于他的"易错性"理论。他曾经在接受采访时这样说："我有认错的勇气。当我一旦觉得犯错，马上改正，这对我的事业十分有帮助。我的成功，不是来自于预测正确，而是来自于承认错误。"如果将乔治·索罗斯的"易错性"理论推而广之，可以概括为以下3点："知错""认错"和"改错"。

（一）知错

知错即承认自己认知上的局限性。股票市场本身虽有一定的规律可循，但它同时又受到多方面、多层次因素的影响。股市充满不确定性，要认识到犯错是一种常态，人人都会犯错，这是不可避免的事实。

（二）认错

认错对投资者来说是一件很难的事情。在现实生活中，人们往往不愿意认错。股票交易中卖出的往往是正在赚钱的优质股，持有的大多是正在亏损的股票，即"拔掉鲜花浇灌野草"。这是由投资者死不认错的心理造成的。

乔治·索罗斯说："认错的好处，是可以刺激并增进批判力，让你进一步重新检视决定，然后修正错误。我以承认错误为荣，甚至我骄傲的根源来自于认错。"

（三）改错

最关键的是为自己建立一些铁的纪律。由于股票交易中的失误在所难免，如果不及时纠正错误，就会让自己遭遇致命的危险。人总是好了伤疤忘了疼，总是在同一件事情上栽跟头。不断犯错，不断承认，不断修正，在投资的道路上，错误虽然是绊脚石，但同时也是成功之源。投资者一定要勇于认错，善于改变，这样才能把自己不断锤炼成一位股市长期赢家。

第五节　思考方式对了，钱赚不完

一、正确对待得与失

投资者所犯的最糟糕的错误是持仓时算钱，即关注得失。盈利了兴奋，损失了沮丧，算钱会让人陷入困境，干扰人的理性交易。

在股票上赚多少、赔多少，与什么时候该买该卖，在逻辑上没有必然的关系。市场才是决定股价的力量，它并不在意我们什么时候、用什么价格买进卖出，也不会管我们想赚多少。即使我们在某只股票上已大赚一笔，股价仍可能继续上涨；即使我们在某只股票上亏损了一大笔，股价仍可能继续下跌。

把"卖出"的决定与"害怕损失"或"赚多少钱"联结在一起，是一个危险的心理陷阱。先冷静检讨一只股票的"正面"与"负面"因素，再根据结果买进或卖出，是非常重要的，这样我们才不会被不相干的事情或过度的恐惧所干扰。

如果你前期的投资蒙受了一定的损失或取得了一定的盈利，是继续持有还是卖出？正确的做法是，拿出一张白纸，想象自己的持股是零，并告诉自己："就目前所知的条件，我应该做空还是做多？"如果应该做多，那么继续持有；如果应该做空，那么赶紧出场。

二、顺势而为

威尔斯·威尔德是技术分析计算机化的先驱，他于 1978 年出版了《技术性交易系统的新概念》（ New concepts in technical trading systems ）一书，发明了一系列技术指标，如 RSI、PAR、ATR、DMI、VOL 等，美国《股票和商品》杂志称他为技术分析的"泰坦"（意思是"主宰者"）。

1985 年，威尔斯·威尔德从一位叫吉姆·斯罗曼的学者那里得到了一套被称为"三角洲（Delta）"的投资理论。经过反复研究和比照，威尔德认识到任何技术指标都有缺陷，于是他把自己先前发明的技术指标统统抛弃，在三角洲理论的基础上推出了亚当理论，于 1987 年出版了《亚当理论》（ The Adam Theory of Markets or What Matters Is

Profit）一书。亚当理论的精髓是认为任何技术分析都有缺陷，都无法准确预测股市，没有人能够准确预料市场涨跌何时开始、何时结束，盲目地、主观地抄底逃顶都在事后被证明不是抄得过早就是逃得过晚。投资者只有认清市场趋向并顺势而为，才能将风险减到最低限度，才能长久盈利。

亚当理论的核心是顺势而为，其内涵有以下3条：

（1）在进入市场前一定要认清该市场的趋势，确认好方向后再采取行动，即升市中以做多为主，跌市中则以做空为主。

（2）如果买入后股票下跌，卖出后却开始上涨，就应该警惕是否看错了大势，看错就要认错，及早"投降"，不要和大势对抗。在交易之前就设立止损位，并且不随意更改。切忌寻找各种借口为自己的错误看法辩护，因为那样只会深陷泥潭，损失更大。在投机市场中，不要把面子看得太重，因为看重面子要以损失钞票为代价。

（3）不再迷信技术分析指标或工具的做法。各种技术分析、技术指标均有缺陷，过于依赖这些技术分析指标的所谓买卖信号，资金有可能遭遇被套的危险。

三、截断亏损，让利润奔跑

美国普林斯顿大学的丹尼尔·卡尼曼教授是首位获得诺

贝尔经济学奖的心理学家，他和埃莫斯·特沃斯基在研究中提出，市场狂热的部分原因是投资者的"控制幻觉"，这种幻觉被称为"前景理论"。他们认为，人们在面临获利时，往往小心翼翼，不愿意冒风险；而在面对损失时，人人都变成了冒险家。

他们经过更进一步的研究发现，一般人非常厌恶损失，以致做出非理性决定，徒劳地试图避免损失。这就是投资者过早卖出他们获利的股票，却长期持有亏损的股票的原因。一般人认为获利不会持续很久，于是及早获利兑现，而亏损时又希望市场会反弹回来，于是抱着亏损的股票不放，这是人的本性。

股市交易中投资者要想长期盈利，必须做到"截断亏损，让利润奔跑"。

（一）截断亏损

买入后，如果趋势判断错误，股价持续下跌，当触及止损位时，应立即出场。如果不能立即止损，投资者的损失可能会越来越大甚至无法控制。

著名的《投资存亡战》一书由杰拉尔德·M·勒伯所著，它诞生于 1929 年美国的老熊市背景之下，是"因痛苦而长寿"的产物，至今已十多次重版印刷。笔者十分赞同书中对止损的独特见解："实践中，没有什么比承受亏损更困难的了。这一点特别重要，因为有时候，肯定会出现这种情况，当你割肉卖掉一些股票之后，它又调转方向，上涨反弹了。""不要后悔！止损不是每次都符合心意，就把你止损卖出股票所受的损失看作'保险费'吧！止损越早越好，请记住：绝大多数止损是对的，它会使你避免造成重大损失。"

止损后，如果是假跌破，可以再买回来；如果是真跌破，不止损将损失惨重！

（二）让利润奔跑

买入后，如果投资者对趋势判断正确，股价持续上涨，就应该加码或继续持股，直到趋势反转、跌势形成后再退场。例如，当账面收益达到 30% 时，如果兑现"落袋为安"，那么账面收益就成了真实收益。但是如果趋势依旧向上，就犯了一个大错误，因为限制了利润增长，收益还有翻倍的可能。正确的做法是在趋势开始反转时逐步卖出，当下降趋势确立时再清仓。投资者不应该设定利润目标，趋势交易者的利润目标是利润无限增长，即"让利润奔跑"。

投资者一定要把"截断亏损，让利润奔跑"当作信仰，无论输了多少次，都要坚持下去，只有这样，你才能成为股市长期赢家。最后再强调一遍：输得起，才能赢！

第九章

股市盈利"易则"的核心和操作方法

第一节　股市盈利"易则"的核心

股市盈利"易则"的核心是"趋势跟踪法"，它有五个关键问题：一是如何发现趋势；二是何时买入和卖出；三是投入多少资金；四是趋势判断错误怎么办，趋势判断正确怎么办；五是如何坚持自己的交易原则。

一、如何发现趋势

股市有升势、跌势、振荡三种状态。在上升趋势中，每次上涨都会突破前期高点创出新高，每次回调下跌的低点都要高于前期的低点；在下跌趋势中，每次下跌都会跌破前期低点创出新低，每次反弹高点都要低于前期高点；在区间振荡时，大多数上涨的高点基本接近，下跌的低点也基本接近。

所有的一切都是关于支撑与阻力：一条良好的支撑线将出现在上升趋势中，并且确认上升趋势。同样，一条良好的阻力线将出现在下降趋势中，并且确认下降趋势。在上升趋势中寻求支撑线做多，在下降趋势中寻求阻力线做空。当有证据表明将触及支撑线或阻力线时，就需要设置止损点。重要的是记住这一点——保持简单，不要把事情复杂化，要用简单的方法识别潜在的支撑线和阻力线。

支撑和压力之所以存在是因为人们的记忆，记忆促使我们在特定的价位买进卖出。大量投资者的买卖会催生支撑和压力。支撑和压力之所以存在是因为大量投资者感到痛苦和后悔。那些持有亏损仓位的投资者会感到非常痛苦，决定一旦市场再给他们一次机会就坚决卖出（解套）。而那些错过了买入机会的投资者又会感到后悔，也在等待着市场再给他们一次买进的机会。

有利于确定支撑线和阻力线的现存技术很多：K线形态，趋势线，轨道线，移动平均线MA，相对强度，超买超卖，动量分析，图形分析，道氏理论，艾洛特波浪理论，历史数据分析，统计分析，斐波那契比率分析，江恩理论，几何分析法……

在趋势分析中，以趋势工具为主，以振荡工具为辅。几种常用的趋势工具、振荡工具见表9-1，移动平均线MA有1个变量，趋势线、双顶/双底有2个变量，MACD、RSI有3个变量，KDJ有4个变量。一种工具的变量越多，就有越大的余地或弹性磨合工具以拟合数据，变动空间越大，解释就越不可靠。其实，最成功的交易工具往往是只使用一个具有单个变量的简单指标，如用单一价格或移动平均线判断趋势就是简单易行的工具。

表 9-1 趋势分析中几种常用的趋势工具和振荡工具

趋势工具	变量	变动空间	振荡工具	变量	变动空间
移动平均线 MA	1	低	RSI	3	高
MACD	3	高	KDJ	4	极大
趋势线	2	中	双底/双顶	2	中

二、何时买入和卖出

趋势交易中始终寻找的是有效的突破部位，如何把握合理的进出场部位是趋势交易的核心。进出场部位的确认包括支撑与阻力突破、K线形态突破、技术形态突破、通道线突破和前期低点高点突破等。

三、投入多少资金

成功的投资者从概率角度思考问题，他们更愿意在成功概率大的交易上冒险，这就是他们管理资金的方式。投资者要在自己资金允许的范围内交易，绝不拿全部资金去冒险。当行情发展对自己有利时增加资金规模，不利时减少资金规模，下跌趋势中则空仓等待机会。金字塔操作法是有效的资金管理方式，详细介绍见后面章节。

四、趋势判断错误怎么办，趋势判断正确怎么办

趋势判断错误时，截断亏损，止损出场；趋势判断正确时，让利润奔跑，在下跌趋势形成时才退出，即本书反复强

调的"截断亏损，让利润奔跑"。

五、如何坚持自己的交易原则

交易者应该选择适合自己的心理控制方法，坚持按原则交易。写交易记录不仅有助于整理自己的投资思路，还能促使自己反省，从而更好地遵守交易纪律。相关内容见本章第三节"五、遵守原则，保持良好心态"。

第二节　股市盈利"易则"的关键点与操作步骤

一、选股、择机、顺势

选股、择机、顺势是股市盈利"易则"的三大关键点，如图 9-1 所示。在这三大关键点上进行基本面分析、技术面分析和大势分析，运用 9 项指标实现选股、择机和顺势的目标。这些指标对一般投资者来说都可以较为轻松地获取和掌握。

图 9-1 股市盈利"易则"三大关键点

二、股市盈利"易则"的分析指标

股市盈利"易则"的 9 项分析指标见表 9-2。

表 9-2 股市盈利"易则"的 9 项分析指标

分析方法	分析指标	说明
基本面分析 （选股）	过去 5 年净资产收益率 ROE 均值 ≥ 15%	这些数据可以在开户券商提供的交易软件和各大财经网站上找到
	过去 5 年净利润的复合增长率 CAGR ≥ 15%	
	过去 5 年销售额复合增长率 CAGR ≥ 15%	
	未来 3 年机构投资者对该企业净利润的复合增长率 CAGR 预测均值 ≥ 25%	
技术面分析 （择机）	K 线形态	这些分析工具在开户券商提供的交易软件和各大财经网站上均可找到
	成交量 V	
	移动平均线 MA	
大势分析 （顺势）	大盘走势 MA120/250（半年线 / 年线）	
	货币供应量 M1/M2	

三、股市盈利"易则"的操作步骤

股市盈利"易则"主要有5个操作步骤（图9-2）：①寻找出色的企业；②建立投资组合；③选择买卖时机；④控制风险，顺势而为；⑤遵守原则，保持良好心态。

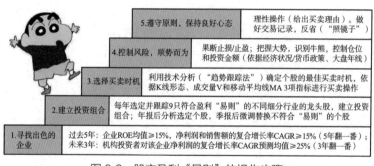

图9-2　股市盈利"易则"的操作步骤

第三节　股市盈利"易则"操作方法

一、寻找出色的企业

（一）股市盈利"易则"的选股原则与指标

做股票就是做预期，股市盈利"易则"的选股原则是选择成长性好的绩优股，采用 ROE、净利润和销售额复合增长率 3 项指标。

（1）ROE。ROE 是股东权益报酬率，也称为净资产收益率。一家拥有核心竞争力的企业几乎总是拥有持续的、吸引人的 ROE，因为 ROE 包括经营、投资、融资三大活动，最能体现企业整体经营质量、竞争力，ROE 公式分解如下

$$股东权益报酬率（ROE）= \frac{净利润}{期末股东权益}$$

$$= \frac{净利润}{营业收入} \times \frac{营业收入}{总资产} \times \frac{总资产}{期末股东权益}$$

$$\uparrow \qquad\qquad \uparrow \qquad\qquad \uparrow$$

净利润率 　　　总资产周转率　　　杠杆比率
（经营活动成果）（投资活动效益）（筹资活动展现）

（2）净利润（Net Profit，NP）。毋庸置疑，盈利的增产在很大程度上说明了公司的前途，它是我们选择绩优股的重要指标。

（3）销售额（SALES）。销售额增长是企业发展壮大的指标之一，但仅有销售额增长是不够的，长期稳定的营收及获利增长才是企业竞争力的最具体表现。销售额增长，盈利没有增长，说明企业在追求成长过程中失去了对成本的控制，甚至陷入了"为了增长而增长"的迷思。

符合股市盈利"易则"的企业，首先要满足如下条件：

过去 5 年 ROE 的均值 ≥ 15%；净利润和销售额前 5 年的年均复合增长率 CAGR ≥ 15%（约 5 年翻一番）。符合股市盈利"易则"的企业，不仅过去 5 年有着良好的业绩增长，未来也要有良好的成长预期，机构投资者对该企业未来 3 年净利润复合增长率 CAGR 的预测均值也要 ≥ 25%（约 3 年翻一番）。

（二）从基金重仓股中寻找最好的个股

如何发现最好的企业？首先要选择未来几年发展最好的行业，再寻找行业内最好的个股。投资者应该在未来需求量大、国家积极支持的行业中去寻找。那么多家上市公司如何寻找？笔者的经验是从基金重仓股排名靠前的股票中寻找，基金重仓股一般是绩优股，是行业龙头。几百家、甚至几千家基金同时持有一家公司的股票绝非巧合，他们的研究团队都做了大量调查研究。通常在持有基金家数排名靠前的 300 名中考察，这些排名可以在许多财经网站上轻易查到。这样就大大缩小了寻找范围，省去了投资者的大量工作，只需验证这些公司是否满足股市盈利"易则"即可。

（三）快速验证这些企业是否符合股市盈利"易则"

要快速验证这些企业是否符合股市盈利"易则"的要求，

一般按照以下 3 个步骤：

（1）查看机构投资者对该企业未来 3 年的盈利预测均值是否 ≥ 25%（看 3 年是否翻一番，是因为 3 年翻一番时的年均复合增长率为 26%）。若翻一番以上，就选定做进一步考察；若没有翻一番就放弃。因为做股票就是做预期，成长性好的股票股价才会被交易者特别是机构投资者追捧。

（2）查看该企业净利润 NP、销售额 SALES 当年的数值能否达到 5 年前的 1 倍以上（因为 5 年翻一番时的年均复合增长率为 14.87%，约为 15%）。若两项指标有一项不满足，就剔除；若两项指标都满足要求，就选定做进一步考察。

（3）考察该企业前 5 年的 ROE 均值是否 ≥ 15%，若不大于，则剔除；若大于，则选定为当年符合股市盈利"易则"的股票。

在开户券商提供的网上交易软件上或在某些财经网站（如东方财富、同花顺、新浪财经等）很容易查到个股前 5 年甚至上市以来历年的财务数据，以及机构投资者对该股未来 3 年的盈利预测均值。对于符合股市盈利"易则"的股票，可以用 Excel 表格建立个股档案，个股档案示例如图 9-3 所示。Excel 表具有强大的计算功能，事先设置好公式，填入数据就可以自动计算出该股 ROE 前 5 年的平均值，净利润率，以及净利润、销售额的 5 年、3 年、1 年年均复合增长率。

	A	B	C	D	E	F	G
1			300XXX　股票名称				
2	控制人：				注册地：		
3	上市时间：				发行量（万股）：		
4	董事长：				总经理：		
5	主营业务：						
6	财务指标分析：						
7	公司业绩	2022年	2021年	2020年	2019年	2018年	2017年
8	股本（亿）						
9	分红扩股						
10	ROE(%)						
11	净利润（亿）						
12	营收（亿）						
13	净利率（%）						
14	成长性分析	ROE均值	净利润CAGR	营收CAGR			
15	5年(%)						
16	3年(%)						
17	1年(%)						
18	2023年	机构预测未来3年CAGR(%)					

图 9-3　个股档案示例

二、建立投资组合

一个人的精力总是有限的，同时持有 9 只股票往往已达到精力的极限。因此，从符合股市盈利“易则”的个股中精选出 9 只不同细分行业的股票，建立投资组合即可。通常认为，动态 PEG > 2 的股票被高估，这类股票不放入投资组合内（动态 PEG 是动态市盈率 PE 与下一年度盈利预期增长率 G 的比值）。

由于企业不可能永远保持高增长，所以要时刻关注企业的信息发布、业绩预告、业绩报告等，如果企业当期业绩有大幅度下滑，或者当期业绩大增但未来业绩预期增长变缓甚至下滑，或者企业有重大事故，应及时减仓、清仓。如果该股不再符合股市盈利"易则"要求，则应及时剔除，再选择符合标准的更好的股票补充到股票池，使投资组合的股票始终保持9只。

三、选择买卖时机

股市盈利"易则"股票交易要抓住两大机会：一是在大涨趋势中交易，绝不错过一个大趋势（大机会）；二是在中级反弹趋势中交易，不错过一个中等趋势（小机会）。一般来说，每年会有一两次小机会，三四年会有一次大机会，趋势交易者要耐心等待，抓住每次大机会和小机会，成为赢家。

追求完美、精确性、确定性是股市交易的三大误区。大道至简，不画角度线，不寻找周期，不计算波浪，不用斐波那契比率，简单的方法往往最有效。股市盈利"易则"的择机思路非常简单，它主要有3项择机指标：K线形态、移动平均线MA、成交量V。

（一）K线形态

K线是一切技术分析的基础，如何看K线？一看阴阳

（代表方向），二看实体大小（代表力量），三看影线长短（代表转折）。股市盈利"易则"根据 K 线的形态建仓或减仓。

（1）K 线基本形态（图 9-4）。①多头形态，如大阳线、锤头或上吊、T 形；②平衡形态，如纺锤、十字星；③空头形态，如大阴线、流星、墓碑。

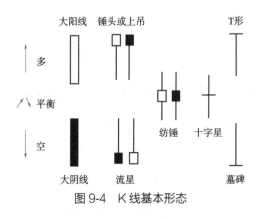

图 9-4　K 线基本形态

（2）K 线组合形态（图 9-5）。是指将多根 K 线组合在一起判断多空的力量，如多头形态有"阳包阴""旭日东升""早晨之星"等，空头形态有"阴包阳""乌云盖顶""黄昏之星"等。其实，可以将几根阴阳线组合视为单根的阴阳线，也称为"结合线形"。"结合线形"的绘制方法很简单：找出数根阴阳线中第一根的开盘价作为"结合线形"的开盘价；找出数根阴阳线中的最高价作为"结合线形"的最高价；找出数根阴阳线中的最低价作为"结合线形"的最低价；找出数根阴阳线中最后一根的收盘价作为"结合线形"的收盘价。图9-5中每种K线形态左半边是K线组合形态，右半边是"结合线形"。

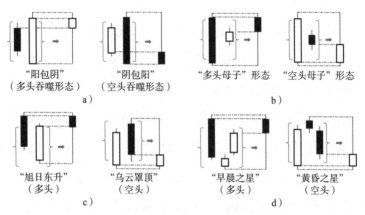

"阳包阴"
（多头吞噬形态）
a）

"阴包阳"
（空头吞噬形态）

"多头母子"形态　"空头母子"形态
b）

"旭日东升"
（多头）
c）

"乌云罩顶"
（空头）

"早晨之星"
（多头）

"黄昏之星"
（空头）
d）

图9-5　K线组合形态和"结合线形"

"吞噬形态"是由两根线构成的。多头吞噬发生在下降走势中，第二根大阳线实体吃掉第一根大阴线实体（"阳包阴"），结合线形是锤头。空头吞噬发生在上升趋势中，第二根大阴线的实体吃掉第一根大阳线实体（"阴包阳"），结合线形是流星。十字星之后的空头吞噬更具有意义。如果空头吞噬形态发生大幅度下跌以后可能是最后的吞噬形态，有见底反转的概率。多头吞噬亦然。

"旭日东升"是在下降的趋势中由一根顺势的大阴线与一根反转的大阳线构成，大阳线要贯穿于大阴线50%以上。

结合线形是锤头。代表多头反攻的力量。"乌云盖顶"形容上涨的走势上蒙上一层阴影,第一根是强劲的大阳线,第二根是深入第一根阳线体内(超过50%)更高的大阴线,结合线形是流星。

"早晨之星"("启明星")由3根线构成,第二根线实体与前后的实体之间都存在缺口。结合形态是锤头。从结合线形看,第三根线收盘价越深入第一根大阴线实体内部、结合形线的下影线越长,形成的多头气势也越强。"黄昏之星"由3根线所构成,出现在上升趋势中,首先是一根顺势的大阳线,其次是一根实体向上跳空的小阴/阳线,最后是一根实体向下跳空的大阴线,收盘价深入第一根大阳线实体之内。结合线形是流星。

另外,常说的"红三兵"指上升趋势中出现3根连续创新高的小阳线,其结合线形为大阳线,是推动股价上涨的信号。一般来说,在股价见底回升或横盘后出现红三兵表明多方正在积聚力量,准备发力上攻。相反,"黑三兵"或称"三只乌鸦"指连续出现3根小阴线,一根比一根低,其结合线形为大阴线。若出现在股价有了较大升幅之后,暗示着行情快要转为跌势。

由以上分析可以看出,大阳线/大阴线、流星、锤头、十字星、纺锤是基本线形,任何其他几根线形都可以合成以上形状。底部大阳线、锤头、T形线代表向上转折；顶部大阴线、流星、墓碑代表向下转折；十字星或纺锤根据高位、低位具体确定，顶部向下转折，底部向上转折。其实记住基本线形的意义即可，不必记忆几根线的组合形态。

"缺口"或"窗口"是一种持续形态，上升窗口是一种多头持续形态，先前的上升趋势将持续发展；下降窗口是一种空头持续形态，先前的下降趋势将继续发展。"折返走势止于窗口"，窗口是重要的支撑位或阻力位。3个窗口连续出现，代表趋势发展已过度延伸而即将发生修正。3个窗口就是衰竭的象征。

反转形态表示股价的原有走势将要逆转，也就是将要改变原先的股价走势方向。例如，原来的上升趋势变成下降趋势，或原来的下降趋势将变成上升趋势。反转形态的典型图形有双顶／底形、头肩形、圆弧形、V形、岛形等。

（二）移动平均线 MA

（1）移动平均线 MA 的种类。移动平均线 MA 是市场趋势最忠实的记录者，用它判断股价走势是最有效的方法之一。股市有长期、中期、短期3种趋势，移动平均线 MA 也分为短期、中期、长期3种类型。

● 短期均线。MA5（周线），MA10。

- 中期均线。MA20（月线），MA30，MA60（季线）。
- 长期均线。MA120（半年线），MA250（年线）。

所有的一切都是关于支撑与阻力。不要把事情复杂化，可以用移动平均线 MA 简单的方法识别潜在的支撑线和阻力线。可以把某条均线比喻成是某层楼的"地板或天花板"，也就是人们通常所说的支撑或阻力。股价上涨可以看成爬楼梯的过程，如果股价突破某条均线如 MA10，就相当于站上了第 10 层楼的"地板"，之后股价会继续向更高的楼层比如第 20 层攀登，攀登过程中会遇到第 20 层楼"天花板"的阻力，如果股价始终不能突破 MA20，就会掉头向下；如果股价突破了 MA20，就会向 MA30 冲锋。当然，在股价下跌过程中，均线的支撑和阻力原理依然不变。

信号越灵敏、越早，误判、犯错的概率越大，机会成本就越高。灵敏度越低，趋势越明朗，犯错的概率越小，但获利空间也大大降低。由此可见，判断趋势和趋势逆转实际上存在基本的利害平衡。据统计，当一波短期行情趋势被确认时，如当股价站上月线 MA20 时，股价可能已上涨 10% 以上；当一波中期行情趋势被确认时，如当股价站上季线 MA60 时，股价可能已上涨 20% 以上；当一波长期行情趋势被确认时，如当股价站上年线 MA250 时，股价可能已上涨 30% 以上。

股市盈利"易则"追逐的是中期趋势，一般在股价突破MA10、MA30、MA60时加仓、减仓控制仓位：股价向上突破某条均线时加仓，向下突破某条均线时减仓，MA60是清仓线，股价跌破60日均线并确认就坚决清仓。

（2）识别"庄家"。股票为什么会上涨？是否是产品优异、盈利高，其股票就会自动上涨？当然不是。因为无论公司基本面多好，如果大多数人对此只卖不买，股价仍会下跌。股价的上升绝非偶然，必然存在大的购买量，这一般来自大机构的投资者，如基金和养老金等。一般认为，30日均线是"庄家"的护盘线，同时也是中期投资者的"保护神"和"避风港"。股价按趋势方向运行，且这一趋势一旦形成就不会轻易改变，而30日均线是最佳中期趋势判断标准之一。在30日均线以上运行的是强势股，在30日均线以下运行的是弱势股。在30日均线以下运行的股票像麻雀，飞不高，飞不远；在30日均线以上运行的股票像雄鹰，能展翅飞翔。

（三）成交量 V

成交量是股市交易的灵魂，可以看成股民参与度的人气指标。股价涨跌就像上下楼梯，上楼需要克服自身重力，下楼就轻松得多，成交量就相当于用的"力"，上涨必须有量，下跌可以无量。当判断股价走势时，股市盈利"易则"要求有成交量的配合。

（1）成交量常见类型如下：

● 低量低价——长期底部盘整阶段

● 量增价平——高位或低位反转信号

● 量增价涨——股价上升初期／中期

● 量缩价涨——上升行情的末期

● 量增价跌——下跌行情的初期

● 量缩价跌——上升或下跌行情的中期调整

（2）成交量特殊类型如下：

● 天量天价——主力拉升出货或短线跟风抛盘

● 地量地价——长期下跌的末期，见底信号

● 无量空涨——连续涨停的中小盘或强庄股

● 无量空跌——跳水的"庄家"或有重大利空的个股

● 底部放量——主力开始进入或重大利好出现

● 顶部对倒——强庄股，高位震荡，顶部出货

四、控制风险，顺势而为

（一）股市盈利"易则"风险控制方法

股市盈利"易则"风险控制主要包括以下 5 项内容：

（1）要充分了解经济形势（PMI、CPI）、政策导向（税

收、利率、汇率）、资金供求关系（M1、M2、IPO、杠杆资金）等对大盘和行业板块的影响。

（2）要关注大盘走势，绝大多数股票都随大盘趋势运行。年线是决定牛熊的移动平均线，半年线是对年线的补充，它和年线的金叉表示中长期趋势的好转，牛市来临；而它和年线的死叉往往是彻底退出市场避开熊市的信号。股市盈利"易则"的原则是熊市中投入股市的总资金不超过牛市中投入股市总资金的一半，此时其余资金可以投入债券等领域。

（3）季线MA60是清仓线。股市盈利"易则"交易是中期趋势交易，股价跌破60日均线，就要坚决清仓。因为MA60是看中期趋势的关键移动平均线。它在低处走平然后上行，配合成交量的渐渐放大，常是一轮中级行情的开始；而它在高处走平后下行，则是中级行情结束的信号。

（4）对于个股，通常认为动态PEG > 2的股票被高估（动态PEG是动态市盈率PE与下一年盈利预期增长率G的比值）。为降低风险，当个股的动态PEG > 2时不再买入，只能持股待涨，等下跌趋势形成时慢慢卖出。

（5）股价在跌破所有均线情况下反弹时，如果买入股票后就开始下跌，止损位设在买入价的10%。止损是保护自己的重要手段，可以避免遭受大的意外风险。

股市盈利"易则"的投资者通常是"小亏大赚"，大的亏损绝不会发生在股市盈利"易则"投资者身上。因为在交易过程中一旦出现亏损，只要触及止损点，他就会毫不犹豫地立即离场。而当出现盈利时，他也不会轻易退出，直到趋势发生逆转。

（二）顺势而为的金字塔式操作法

股市盈利"易则"的入市、离场、仓位控制采用的是金字塔式操作法（图9-6）：加码原则是任何时候加码操作的数额绝对不要超过前一次。股市盈利"易则"发现趋势时一般分四次建仓，投入的资金数额比例分别为40%、30%、20%、10%，依次递减。道理很简单，可以把股价上涨趋势

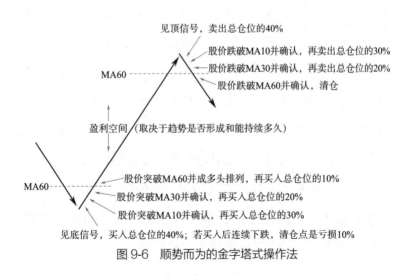

见顶信号，卖出总仓位的40%

股价跌破MA10并确认，再卖出总仓位的30%

MA60 - - - - - 股价跌破MA30并确认，再卖出总仓位的20%

股价跌破MA60并确认，清仓

盈利空间（取决于趋势是否形成和能持续多久）

MA60 - - - 股价突破MA60并成多头排列，再买入总仓位的10%

股价突破MA30并确认，再买入总仓位的20%

股价突破MA10并确认，再买入总仓位的30%

见底信号，买入总仓位的40%；若买入后连续下跌，清仓点是亏损10%

图9-6 顺势而为的金字塔式操作法

的能量形容为一个最大能举 200 千克重量的举重运动员，他开始举起 150 千克时可能轻而易举，但随着不断加码他会感到越来越吃力，200 千克以上他就不堪重负。因此，与举重的道理一样，操作加码时依次递减。同理，下降趋势中的减仓原则也一样。

1. 建仓、加仓

（1）当股价经过一段较长时间、较大幅度的下跌，出现见底信号时，买入总仓位的 40%。见底信号通常发生在 K 线形成 W 形、头肩形、圆弧形时出现放量大阳线、锤头、流星、十字星、纺锤等情况时。若判断失误，买入后连续下跌，清仓点是亏损 10%。

（2）当股价突破 10 日均线并确认时再买入总仓位的 30%，所谓确认是指股价 3 日内站稳某条均线。

（3）当股价突破 30 日均线并确认时再买入总仓位的 20%。

（4）当股价在 5、10、20、30、60 日均线上方运行并顺序排列时可全仓持股。

上述形态形成时，最好分 2~3 次在股价回档时买入。

2. 减仓、清仓

（1）当股价经过一段较长时间、较大幅度的上涨，出现见顶信号时，卖出总仓位的 40%。见顶信号通常发生在

K 线形成 M 形、头肩形、圆弧形时出现放量大阴线、锤头、流星、十字星、纺锤等情况时。

（2）当股价跌破 10 日均线并确认时再卖出总仓位的 30%。所谓确认，是指股价跌破某均线后，股价 3 日内没有回到该均线以上。

（3）当股价跌破 30 日均线并确认时再卖出总仓位的 20%。

（4）当股价跌破 60 日均线并确认时要清仓持币观望。买入后，如果股价未向上突破 30 日或 60 日均线时就开始向下，可参考上述原则分批减仓；当股价跌破所有均线支撑时，一定要清仓持币观望。

五、遵守原则，保持良好心态

股市盈利"易则"成功的关键是严格遵守交易法则，不要让情绪影响交易系统的执行。建立并保存良好的交易记录是促使交易者反省并遵守交易纪律的有效手段，写交易记录不仅有助于整理交易者的投资思路，还能促使交易者反省，从而更好地遵守交易纪律。

投资者要养成交易前后做好分析记录的习惯。无论何时，只要建仓，就要记录当时的走势图，并记下做多或做空的理由。出场时，要再次记录走势图，记下出场的理由，列出其中的对错。这样，投资者就用图表生动地记下了自己的交易过程和逻辑思维。写交易记录好比照镜子，会抑制冲动行为，促使反省。能够做好分析记录并进行良好的保存表明投资者有自知之明且懂得自律；分析记录做得很差或者缺损代表的是冲动的交易行为，而冲动的交易行为往往是失败的主要原因。交易记录将帮助投资者从过去中学习，找出思维中的盲点，以便在将来做得更好，成为自律的投资者。

股市盈利"易则"用 Excel 表格做交易记录，主要有个股交易记录和周账户净值曲线。

（一）个股交易记录

每年给选定的 9 只股票建立交易档案，记录每只股票交易过程的入场点、出场点、成交价、个股走势图和大盘走势图，写下买卖理由和最终的盈亏情况。建议将交易记录和个股档案放在一个表格中，如图 9-7 所示。做交易记录其实很简单，买卖股票的交易软件上都有交易记录，摘录下来填入表格即可，仅用时几分钟。

	A	B	C	D	E	F	G
			600XXX 股票名称				
1							
2	控制人：				注册地：		
3	上市时间：				发行量（万股）：		
4	董事长：				总经理：		
5	主营业务：						
6	财务指标分析：						
7	公司业绩	2022年	2021年	2020年	2019年	2018年	2017年
8	股本（亿）						
9	分红扩股						
10	ROE(%)						
11	净利润（亿）						
12	营收（亿）						
13	净利率（%）						
14	成长性分析	ROE均值	净利润CAGR	营收CAGR			
15	5年(%)						
16	3年(%)						
17	1年(%)						
18	2023年	机构预测未来3年CAGR(%)					
19				**交易记录**			
20	交易时间	买入数量	卖出数量	成交价	买入值	卖出值	买卖理由
21							
22							
23							
24							
25	汇总	买入总值		卖出总值			
26			个股走势图			大盘走势图	
27							
28							
29							
30							

图 9-7　交易记录示例

（二）周账户净值曲线

画周账户净值曲线是内省的有效方法，做起来非常简单，每周末在图上增加一个点（本周股票账户的净值），多画一段线，连线即可。在画线的同时，回顾并记录本周重大事件、大盘周涨跌率、股票账户盈亏率及盈亏原因分析。周账户净值曲线示例如图 9-8 所示，图中上面的曲线是沪深 300 指数的周变化图，下面的曲线是自己持股账户周净值曲线。

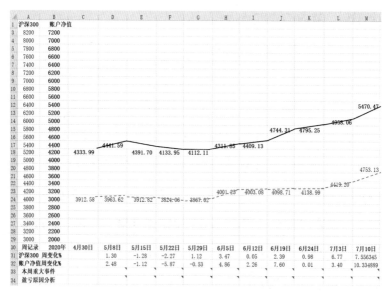

图 9-8 周账户净值曲线示例

　　资金曲线就像一面镜子，能使人看清楚自己的表现。资金曲线的斜率是反映投资者行为的一个客观指标。如果它向上倾斜，当中只有少数几个下挫，说明投资者干得不错；如果它向下倾斜，投资者就要分析其中的原因。"事不过三"也同样适合于资金管理，如果资金曲线连续三周向上，累计盈利在 10% 以上或者一周盈利在 5% 以上，说明干得不错，分析原因后可继续加仓；如果资金曲线连续三周向下，累计亏损在 10% 以上或者一周亏损 5% 以上，投资者就必须认真对待，可能已经陷入亏损周期，这时就应该立刻反省，绝不能再继续买入，明确原因后再操作。如果股市走势对投资者不利，就应该立即止损。

（三）专注于交易系统而不是交易结果

成功的交易者专注于他们的交易系统，操作简单化，按既定的原则建仓、加仓、减仓、控制仓位，让获利自己照顾自己，最佳方法就是专注于交易讯号，排除其他诱惑。而失败的交易者专注于交易结果，以结果为导向，过分关注得失。当你通过交易系统——而不是交易结果——来界定成败，以过程为导向时，就基本能够控制自己的交易表现与交易生涯。交易者越觉得自己处于控制地位，心理越平和，操作绩效就越理想。

在飞行中，一定要相信仪表盘——在天气、气候不佳的时候，飞行员的直观感觉往往是错误的。受生理错觉的影响，战斗机明明是倒着飞，飞行员可能感觉是正着飞；战斗机下面明明是海洋，飞行员可能感觉是天空。一瞬间的误判，便可能夺去许多飞行员年轻宝贵的生命。越是错综复杂的天气，飞行员越要克服本能的驱使，只有相信仪表板显示的数字，才能做出正确的判断。股票投资也是一样，一定要按原则行事，按照技术指标发出的信号操作，毫不犹豫！

第十章

提高交易胜算，成为股市高手

第一节　影响交易胜算的因素

一、影响交易胜算的因素

就概率而言，长期来说，判断趋势上升或下降的概率趋于对等，那么交易者怎样才能实现盈利呢？盈利主要靠掌控两方面的"优势"：一是利用各种技术、工具和方法，识别出成功概率比较高的趋势，提高交易的准确率；二是强化资金管理和心理控制，截断亏损，让利润奔跑。盈利时加大仓位、亏损时减少仓位，从而提高交易的平均盈亏比。

影响交易胜算的主要因素有交易的准确率、平均盈亏比和仓位。关于一定时期内股票交易的预期收益率，在忽略交易费时有一个简单的公式，如下

预期收益率 = 盈利概率 × 平均盈亏比 − 亏损概率 （10-1）

式中，亏损概率 =1− 盈利概率。

盈利概率指一定时期内交易的准确率，平均盈亏比是一定时期内平均盈利与平均亏损的比率。举例来说，在某一年中，如果进行了 100 次交易，盈利 60 次、亏损 40 次，那么当年的交易准确率（盈利概率）为 60%，亏损概率为 40%。在这 100 次交易中，如果 60 次盈利的总额为 120 万元（每次平均盈利为 2 万元），40 次亏损总额为 40 万元（每次平均亏损为 1 万元），那么，这 100 次交易的平均盈亏比是 2：1。

若用 Y 表示预期收益率，用 X 表示交易准确率，用 Z 表示平均盈亏比，则得到以下公式

$$Y=XZ-(1-X)=X(1+Z)-1 \qquad (10\text{-}2)$$

运用式（10-2）可以算出，当平均盈亏比 Z 为 2：1、交易的准确率 X 为 33.33% 时，达到盈亏平衡（$Y=0$）。也

就是说，在不考虑交易费用的情况下，当交易准确率 X 为 33.33% 时，只要平均盈亏比 Z 达到 2 : 1 以上，交易者就可以盈利（Y > 0）。

当交易准确率 X 为 33.33%，平均盈亏比 Z 提高到 3 : 1 时，预期收益率为

$$Y=33.33\% \times （1+3）-1=33.32\%$$

当不同盈亏比 Z=1 : 3、1 : 2、1 : 1、2 : 1、3 : 1 时，预期收益率与交易准确率的关系如图 10-1 所示。

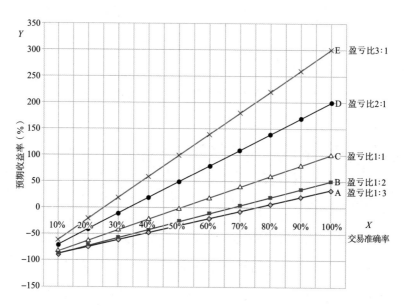

图 10-1 预期收益率与交易准确率的关系

从图 10-1 可以看出，交易的准确率越高、平均盈亏比

越大，预期收益率越高。

当盈亏平衡时，$Y=X(1+Z)-1=0$，则 $X=1/(1+Z)$。当盈亏平衡时，交易准确率与平均盈亏比的关系如图 10-2 所示。

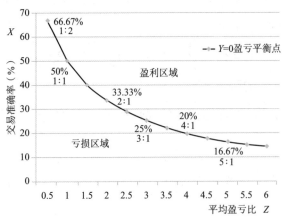

图 10-2　盈亏平衡时平均盈亏比与交易准确率的关系

二、良好的盈利策略是在交易准确率与平均盈亏比之间取得平衡

由图 10-2 可以看出，当盈亏平衡（$Y=0$）时，交易准确率 X 对应的平均盈亏比 Z 分别是：66.67% 对应 1∶2，50% 对应 1∶1，33.33% 对应 2∶1，25% 对应 3∶1，20% 对应 4∶1，16.67% 对应 5∶1。

交易者亏损的主要原因是追求过高的准确率，从而导致过低平均盈亏比。因为交易准确率与平均盈亏比是互损的，如果截断亏损，让利润奔跑，平均盈亏比就会大大提高，但交易准确率会降低；相反，只要止损的幅度数倍于止盈的幅度，交易的准确率就会大幅提高，但平均盈亏比会大大降低。良好的盈利策略是在二者之间取得平衡。

20世纪，著名投机家伯纳德·巴鲁克在华尔街为自己创造了数亿美元的财富，并成为时任总统信任的高参。他说过："一个投机者如果有一半的操作是正确的，那他就算很幸运了。如果交易者做错时能够果断截断亏损，就是十次只做对了三四次，他依然有机会创造足够的财富。"最初，笔者对这段话很不理解，特别是对十次交易只要做对三四次依然有机会创造足够的财富深表怀疑，但通过上面的简单计算和图示豁然开朗。只要把平均盈亏比提高到3∶1，即使交易方法的准确率低至33.33%，交易者照样可以获得33.32%的收益率，这样的业绩要胜过沃伦·巴菲特和彼得·林奇所创造的成绩，这应该是对伯纳德·巴鲁克上述这段话最好的诠释。

伯纳德·巴鲁克的话对趋势投资者太重要了，它可以坚定趋势交易者的信心。它使我们充分认识到，输得起，才能赢。尽管会经历很多次的小失败，但只要坚持"截断亏损，让利润奔跑"，趋势交易者必将成为最后的赢家。

三、交易的胜算与成功交易的三大支柱密切相关

交易的胜算主要由交易的准确率、平均盈亏比决定，而平均盈亏比主要由仓位管理决定。股票交易与赌博的根本区别在于是否依据一个具有正期望值的交易系统，这个系统包含交易方法、资金管理和心理控制。交易系统中的技术分析模块（进出规则）控制交易的准确率这个变量，资金管理模块控制仓位这个变量。仓位越重，破产风险越大，反之亦然。准确率和平均盈亏比越高，收益率越高。确定性的盈利机会只存在于上升趋势中，技术分析模块通过趋势跟踪，过滤下跌趋势和盘整行情，只在上升趋势中发出买入信号。资金管理模块中的仓位控制与技术分析模块中的交易信号一一对应，以确保行情发展对自己有利时持有较多的仓位，不利时持有较少的仓位，下跌趋势中空仓等待机会，这样就能回避较大的风险，不至于大赔或被深度套牢。交易系统中的原则和纪律要求，系统交易者不能掺杂个人主观因素，以交易系统中的买卖信号为依据，以正确执行交易规则为准绳，从而有效地克服人性的弱点，成为自律的交易者。

因此，投资者可以从交易方法、资金管理、心理控制三方面提高交易的胜算率：

（1）修炼技术，提高交易的准确性。

（2）强化资金管理，控制亏损、发展盈利，提高平均盈亏比。

（3）修炼心性，克服情绪化交易，严格遵守纪律和规则，进而提高交易的准确率和平均盈亏比。

第二节　提高交易胜算的方法

一、修炼技术，提高交易的准确率

提高交易的准确率，以技术面分析为主，辅以基本面分析和大盘趋势分析。要从不同的角度观察市场，寻找有效的支撑和阻力，正确判断趋势走向，追随主要趋势的方向进行交易。一定要减少交易频率，耐心等待真正交易机会的来临，并在不同的分析周期上、运用不同指标进行确认，这样就可以提高交易的准确率。

（一）基本面、技术面、大势分析指标

（1）技术面分析应着重以下 9 个方面：①股价的涨跌幅

度；②K线基本形态；③反转形态；④成交量；⑤移动平均线MA；⑥MACD；⑦KDJ；⑧趋势线/通道线状况；⑨其他支撑与阻力位：前期高点/低点、缺口、整数关口、大阳线/大阴线（1/2处）。

K线形态和反转形态的准确率见表10-1。

表10-1 K线形态和反转形态的准确率

K线形态	反转形态	准确率
1根K线	十字星	35%
	锤头线、流星	48%
	大阳线、大阴线	50%
2根K线	"阳抱阴""阴抱阳"	53%
	"旭日东升""乌云盖顶"	36%
3根K线	"红三兵""黑三兵"	55%
	"启明星""黄昏星"	80%
多根均线	缺口	51%
	岛形反转	53%
	V形反转	38%
	W底、M顶	55%
	头肩顶、头肩底	56%
	圆弧顶、圆弧底	48%

　　股价上涨的根本原因在于资金的推动。市场如果没有量能的配合，要想让市场走出比较理想的大行情显然是不现实的。一般情况下，当量能较大且持续时，有利于行情的发展；而当量能低迷且持续时，则不要对行情期望过高，更多的将是阶段性下挫的走势。另外，大盘放巨量阶段调整概率大。

量能还要结合形态分析，个股久盘后一般会谋变，即选择方向的突破，要么向上，要么向下。前期量能处于相对萎缩状态，当开始出现量能放大的迹象时，如果出现放量长阳上涨的现象，就可以断定向上突破基本没有悬念。若当日天量天价并伴随高换手率，阶段性调整将不可避免。量价背离，变盘在即。股价在相对高位出现大阴线后，随后反攻中上涨无量，而下跌有量，基本可以确定调整已经展开。月线上的量能指标是判断大顶的重要依据。

（2）对个股的基本面分析应注重以下3个方面：①个股最近一个季度的业绩增长情况；②个股的价值是被严重高估还是被严重低估；③个股是否受宏观政策支持或影响（有无概念、题材，是否受政策调控）。

（3）关注大盘走势非常重要，如果在个股趋势与大盘趋势一致时操作，交易准确率就会大大提高。对大盘趋势的分析应主要着重以下3个方面：①目前大盘是上涨还是下跌？②目前大盘是处于熊市还是牛市？③目前的宏观形势对大盘有利还是不利？

（二）个股最佳买卖点列表

个股的最佳买卖点应该是在基本面、技术面、大盘走势都良好时：①底部区域（技术面）；②成交量放大（技术面）；

③价值低估（基本面）；④政策支持（基本面）；⑤大盘上涨（大势）。

世界上没有完美无缺的交易系统，也不会有精确的、理想化的买点和卖点，任何操作都存在风险。尽管如此，还是可以找到适当的方法提高交易的准确率。表 10-2 为提高交易的准确性提供了一个很好的工具，帮助投资者寻找即将上涨或下跌的股票，并根据合理的止损位确定这只股票盈亏比最佳的买点和卖点。一般来说，在做出决定的时候，投资者至少要有 8 个以上有利的确认信号，而不利的信号一般只有1~2 个。例如，如果有 8 个信号支持买入，但目前存在大盘在下跌、该股最近一个季度业绩不及预期、宏观政策对该股不利 3 个不利信号，这时就要慎重买入。对于最好的决策来说，列表清单上不应该出现模棱两可或者相互矛盾的地方。

表 10-2　买入 / 卖出列表

	确认指标	备注
技术面	1. 股价已经下跌 / 上涨 30% 以上或 3 个月有余	本表采用的是日度指标，还需要对照周度指标和月度指标。当 3 个周期的形态能够同时互相确认的时候，才是最理想的状态
	2. 出现反转形态：W 底 /M 顶；头肩底 / 头肩顶；圆弧底 / 圆弧顶	
	3. K 线出现大阳 / 大阴、锤头 / 流星、"吞噬形态"、"启明星" / "黄昏星"等	如果有 2 个以上不利因素，即该表中有 3 项为负，做出买卖决策时就要慎重

（续）

	确认指标	备注
技术面	4. 成交量 V 放大 / 缩量或持续，量价背离	本表采用的是日度指标，还需要对照周度指标和月度指标。当 3 个周期的形态能够同时互相确认的时候，才是最理想的状态 如果有 2 个以上不利因素，即该表中有 3 项为负，做出买卖决策时就要慎重
	5. 站稳 / 跌破某条均线：MA10、MA30、MA60	
	6. MACD 金叉 / 死叉，背离	
	7. 超买 / 超买：KDJ 低于 30/ 高于 70，金叉 / 死叉	
	8. 向上 / 向下击穿趋势线、通道线	
	9. 击穿其他支撑与压力位：前期高点 / 低点、缺口、整数关口	
基本面	10. 最近一个季度业绩高于 / 低于预期	
	11. 价值已被严重低估 / 高估	
	12. 宏观政策对该股有利 / 不利（有无概念、题材，是否受政策调控）	
大势	13. 大盘目前处于上涨 / 下跌趋势	
	14. 大盘处于牛市 / 熊市之中	
	15. 宏观形势对股市有利 / 不利	
	总计	

以上列表中采用的是日度指标，还需要对照周度指标和月度指标。在理想的情况下，当 3 个周期的形态能够同时互相确认的时候，这只股票就出现了理想的买入或卖出信号。

同一个时段的图形，在日线图、周线图、月线图中可能出现不同的形态，所以在很多时候需要一个明确的判断依据。一般来说，如果一只股票的日线图给出的信号能够与其周线图或月线图中的任意一个给出的信号互相确认，这只股票就有可能马上出现一波大行情。一般而言，要从大周期入手，在大格局相对清晰的情况下再进入小周期把握细节。投资者做股票要把眼光放长远，这就等于用周线或者月线的眼光看待当下，这样会发现波动其实并没有近处看上去那么激烈，投资者的心态由此变得平和，对得失的看法也因此放大。因为此时投资者的"视界"是大的，胸怀无形中也变大了。人的心胸只要一开阔，很多事就会变得更容易。真正股票做得好的人，都是喜欢看长远而不是看眼前。

二、加强资金管理，提高平均盈亏比

例如，某投资者有 100 万元资金，假如在一次有把握的交易中（盈利的概率是 99%）把所有资金都押上，输掉 100 万元的概率只有 1%，而如果碰巧出现了"黑天鹅"，就会输掉全部资金。资金安全太重要了，交易的首要任务就是要避免破产，因此，绝不能拿全部资金去冒险，必须减少每笔交易的资金数额。

小概率事件经常被交易者忽视，总被认为不会发生，至少这次不会发生。很多人认为自己的方法准确率很高，所以总是忽视风险管理。其实很多小概率事件经常发生，人们认为它们是小概率，是交易经验的局限性所致。因此，敬畏市场，不仅要停留在口头上，还在于预防小概率事件的发生。股市博弈是概率游戏，不论大盘处于何种环境，个股处于什么趋势，哪怕所有的条件都满足了，股票仍然会有不涨的现象发生，股市中经常有"黑天鹅"出现。当投资者真正完全地领悟到这一点时，就不会再一次性全仓买入股票了，而是开始学习资金管理、风险控制的奥妙。最重要的是，投资者会开始有意识地修炼自己的心态，当有足够的耐心，能够以平和的心态按原则交易时，就会提高交易的平均盈亏比，从而变得胜多输少、赚多赔少。

在数学期望值为正的交易系统中，决定总收益率的关键因素是交易的准确率和平均盈亏比。排除市场行情因素，决定平均盈亏比的关键因素是盈利和亏损时的仓位大小。在做对方向和盈利时确保维持较高的仓位，在做错方向和亏损时保持相对较低的仓位直到止损出局，这就是小亏大赚的真谛。虽然无法控制市场行情，但可以完全控制仓位，交易者完全可以用仓位的确定性应对行情的不确定性，而金字塔式操作法就是仓位管理的有效措施。

表 10-3、表 10-4 是金字塔式、均匀式、倒金字塔式加仓和减仓方法的盈亏分析。从表中结果可以看出，不论是加仓还是减仓，金字塔式优于均匀式，更优于倒金字塔式，所以金字塔式加仓／减仓是最佳操作方法。

表 10-3　金字塔式、均匀式、倒金字塔式加仓操作的盈亏分析

加码方法	股价（元）	金字塔式（股）	均匀式（股）	倒金字塔式（股）
建仓	10	400	250	100
加仓 1	11	300	250	200
加仓 2	12	200	250	300
加仓 3	13	100	250	400

总数为 1000 股，分 4 次建仓

建仓总成本（元）		11,000	11,500	12,000
盈利（元）	股价 20 元卖出	9000	8500	8000
亏损（元）	股价 5 元卖出	6000	6500	7000
总结	如果行情一帆风顺，金字塔式比倒金字塔式多盈利 1000 元；如果行情逆转，金字塔式比倒金字塔式少亏损 1000 元 加码方法：金字塔式＞均匀式＞倒金字塔式			

表 10-4 金字塔式、均匀式、倒金字塔式减仓操作的盈亏分析

减仓方法	股价（元）	金字塔式（股）	均匀式（股）	倒金字塔式（股）
持股总数	持股总数为 1000，假设建仓成本为 10 元，若在 15 元 1 次清仓，那么获利 5000 元			
减仓 1	15	400	250	100
减仓 2	14	300	250	200
减仓 3	13	200	250	300
减仓 4	12	100	250	400
获利回吐（元）分 4 次卖出	1000	1500	2000	
总结	如果行情逆转，分 4 次减仓卖出，金字塔式比倒金字塔式盈利多 1000 元 减仓方法：金字塔式＞均匀式＞倒金字塔式			

金字塔式加码有以下 3 条原则：

（1）盈利时才加码。赚钱时加码是顺势而为，亏钱时加码就是逆市而行，在错误的泥潭越陷越深。

（2）不能在同一个价位附近加码。如果距离太近，岂不是变成孤注一掷，这与满仓交易没有什么区别。

（3）不可倒金字塔式加码。准备做累进战术时，资金分配很重要，应该一次比一次小。如果每次加码都比原来的多，做多头，平均价就会拉得越来越高；如果做空头，平均价就会压得越来越低，行情稍有反复，就会把原先拥有的浮动利润吞没，随时由赚钱变为亏钱。如果分 4 次建仓或减仓，4 次的比例应为 40%、30%、20%、10%。

三、输得起，才能赢

交易绝不是没有成本的不劳而获，任何交易者都必须承担必要的成本。交易者能否成功的关键在于对亏损和盈利的态度，规避了损失，自然也就规避了利润。如果接受"盈亏同源"的事实，就找到了盈利的本质，越接近本质的东西往往越简单。

交易真的并不复杂，相反却是出奇的简单。股市盈利"易诀"是：敬畏市场，控制风险；顺势而为，系统交易；截断亏损，让利润奔跑。

股市中随时可能发生各种情况，亏损也随时可能出现，在一定的时候，投资者必须接受诸事不顺的现实。成功的唯一秘诀就是输得起。许多投资者输不起，他们讨厌亏损，情绪随股价波动，不停地变动止损点，找各种借口继续交易，千方百计地为自己的行为辩护。当他们的账户上还有资金时，蹩脚的投资者会一直自欺欺人，对亏损视而不见，直到亏空大到不得不割肉离场。他们在事态还能控制时无所作为，却期待交易情况出现转机。他们认为只要交易还在继续，就有机会证明自己是对的，就可以避免承认自己的错误。承认错误和止损出场能维持一个中立客观的头脑避免损失不断扩大，从而造成无法掌控的情况。如果总是输不起，就注定失败。只有输得起，才能成为长期赢家。

第三节　成为股市高手

股票交易的过程，可大致归纳为几个步骤。首先从制定交易规则开始，搜集、研究信息、形成判断，然后开始买卖股票；入市操作后市场不断变化，给出盈或亏的结果；最后盈和亏的结果必然对交易者本人发生作用，产生悲或喜的情绪，影响交易者下次的买或卖。上述过程循环往复，人们不知不觉地进入三种循环状态（图10-3）：买或卖→盈或亏→悲或喜→买或卖→盈或亏→悲或喜……

图10-3　投资过程循环状态

在这种循环过程中，交易者会产生如下 3 种情绪，从而影响后续的操作行为：

（1）贪婪和恐惧。赚的时候希望赚得更多，赔的时候害怕赔得更多。

（2）自信或自卑。如上所述，在判断和决心之间还有一段距离，人们常常根据自信程度下决心或是不下决心，等于给自己添加了第二道安全门。如果之前的投资结果是盈利的，通常人们的信心会增强，对自己的下一次判断更有把握；反过来，如果之前的投资结果是亏损的，通常人们会更加自卑，对自己的下一次判断没有把握。

（3）反省和改进。如果能够把盈亏看得超然一点，尽量客观地分析上述步骤和循环过程中各个步骤做得对或错、妥当或不妥当，就能总结经验教训，在下一个循环中有所改进。反省和改进很重要，如果投资者超脱一些，习惯于严格解剖自己，就已经成功了一半。

唐代的大禅师们，诸如马祖道一、百丈怀海都喜欢用牧牛比作治心，把牧童比作心，而将牛比作性。著名禅师普名所做《牧牛图颂》所绘之牛由黑变白，分成未牧、初调、受制、回首、驯服、无碍、任运、相忘、独照、双眠 10 个阶段，以十牛与修心的 10 个阶段对比。其着眼点在于调心证道，以人牛不见、心法双亡为最高境界。

同样，股市交易的过程也是修炼自己的人格、心态、技术的过程。笔者把股市交易称作"牧股"，"牧股"的关键也是治心。这里把治心简化为 3 个过程：未牧、无碍、相忘 3 种境界，分别对应股市的新手、老手和高手（图 10-4）。

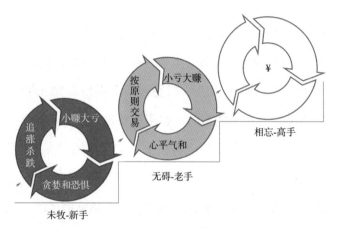

图 10-4　"牧股"图

一、未牧：新手

初入股市，新手对股市知之甚少，不知风险，只知赚钱，进入股市的目的就两个字：赚钱。新手进入股市时往往已是股市最疯狂的时期，赚钱效应最大化体现，人人几近疯狂，新手天天频繁买卖、追涨杀跌。开始赚点钱，就贪婪起来，不断追加投资。在接下来的熊市中，新手不知道止损，不但将赚到的钱统统化为乌有，而且赔得一塌糊涂，极度恐惧，被深深地套在山顶上，结果"小赚大赔"。

二、无碍：老手

经历了几轮牛熊的洗礼，对股市的规律有了充分的认识和了解并掌握了一定股市基本操作技巧和心态控制的人就可以称得上股市老手了。当认识到股市不仅仅是赚钱的地方，还有可能是亏大钱的地方时，说明投资者开始成熟了。

与新手相比，老手的优势在于：①懂得风险。懂得涨跌之下如何操作，控制风险，会止损。②敬畏市场。知道自己很渺小，能够赚钱就很满足，从不自大。③顺势而为。知道如何在涨势或跌势中控制好仓位。老手已经上了一个台阶，把盈亏看得超然多了，能够建立适合自己的交易系统，按照原则交易，不断总结经验教训，心无挂碍，心平气和，能够"小赔大赚"。

三、相忘：高手

高手，既需要几轮牛熊的洗礼，也需要一定的悟性。没有悟性、没有执行力，很难成为高手。高手，已超越赚钱赔钱的层次，因为他悟出了斤斤计较于赚钱赔钱，必定会陷于贪婪与恐惧的情绪漩涡而不能自拔，看似最近的途径，实是最远的路径。曲中求直，直中求曲，高手开始关心如何正确地交易，因为他悟到只要能够坚持纪律、正确交易，赚钱就只不过是正确交易的犒劳、必然的结果。

高手有心若止水的心态，比老手又上了一个台阶，他战胜了贪婪与恐惧等人性弱点。他们关心的是如何正确地交易，而不是盈亏的结果，要的是盈亏之间充满冒险、智慧谋略的过程。高手已经与股市融为一体，相忘于江湖……

股市交易的最高境界是"无为"。光想着赚钱，最终可能赚不到钱，一旦放下，钱反而滚滚来。思考方式对了，钱赚不完。

后 记

股市如人生，人生如股市

历史是符合逻辑的，未来是飘忽不定的。事后的合理不等于事先的确定性。人的一生总是在追求确定性，人们认为只有获得确定性才能使自己感到安全。事实上，确定性是不可能追求到的，而只有意识到确定性并不存在，我们才能真正使自己的内心得到安宁。

交易者能否长期获利，很大程度上取决于如何应对这种不确定性。股市的随机性和交易者追求确定性之间存在着不可调和的矛盾，人性固有的弱点如贪婪与恐惧、期望与侥幸、轻信与盲从、自负与顽固等，注定了大多数股市交易者是失败者。

我们永远不可能认识事物的全貌，看到的永远只是冰山一角。谁也无法精准地预测未来的行情，任何时候的行情都是拿自己的筹码赌出来的。事实上，股市交易是概率游戏，谁也不知道明天会怎么走。长期盈利不是靠预测行情获得的，靠的是"当你做对的时候尽可能多赚，当你做错的时候尽可能少亏"。

交易是一种"舍"的艺术，有舍才有得。要放弃对"确定性"的幻想，树立概率思维。虽然"错"是常态，但不能一错再错。要正视错误，承认错误，改正错误。只有输得起，才能成为长期赢家。"爱上你的亏损"，做到小亏大赚，是股市交易的最高境界。

股市如人生，人生如股市。人的一生离不开对"对与错""得与失""生与死"的思考与处理。面对损失时应该怎么做，是每一位交易者都可能遇到的最大挑战之一。

除了死亡，大部分人通常最害怕什么事情？损失和错误应该排在前列。承认错误和亏损可能令人极为痛苦，也是人们希望逃避的事情。人们往往不愿意承认自己所犯的错误与过失，反倒经常掩饰它们，这是人性的一大缺陷。

要知道损失是交易的组成部分，明白这一点是走向成功的第一步。如果总是输不起，那么注定会失败。要知道，止损是投资的第一要义。具有讽刺意义的是：当人们用追求利润、逃避亏损的心态面对交易的时候，得到的结果并非利润而是亏损；而当人们截断亏损、轻视利润的时候，反而能不断获得利润。

我深信我所写的这些内容，初学者是较难理解的；即便理解也不会相信；即便相信也不会实施；即便实施也不会坚持；即便坚持也绝对不可能在经历惨重亏损以前就能甘心情愿地坚持到底！

我从来不相信有人能够不经历惨重亏损就能真正学会交易，就像没有从马上摔下来的经历就不会成为好骑手一样，幸运者赚来的钱，通常是市场借给你的，等到市场向你讨账的时候会更加凶狠。

事实上，交易者达到成熟的起点与终点之间的距离并不遥远，但交易者通常是在原点转圈而停滞不前。在我看来，交易者能否获得成功取决于"坚持错误"还是"改正错误"的能力。

成功的交易者只关心两件事：一是买入后，走势证明我对了，怎么做？二是买入后，走势证明我错了，又怎么做？

有人把人世间的事情压缩成一句话："一切都如过眼烟

云。"我大胆地将股市长期盈利的秘诀概括为 9 个字："截断亏损，让利润奔跑。"这其实是华尔街流传的一句古老格言，它是对上述两个问题的坚定回答：一是买入后，走势证明对了，继续加码和持仓，让利润奔跑；二是买入后，走势证明错了，果断止损，承认错误，承担损失。

"截断亏损，让利润奔跑"，这句话虽然说起来简单，但大多数交易者恰恰相反，赚点蝇头小利就跑，被套了就死扛。对亏损视而不见，就像遇到危险的鸵鸟把头埋进沙堆；盈利时又怕失去，总是落袋为安，往往过早卖出而失去盈利机会。于是，大多数交易者成了"截断利润，让亏损奔跑"。这样的例子屡见不鲜，也是造成大多数交易者投资失败的原因。

亏损额度是自己可以控制的，盈利则需要行情的支持。在任何时候只要不让资金出现大幅回撤，同时在自己的节奏内保持盈利，虽然很慢，但市场迟早会奖励你。

股市中唯一确定的是不确定性，投资者唯一能做的就是应对这种不确定性——建立一致性的交易规则，它让投资者站在这场概率游戏的大数一侧。交易者必须建立自己的交易系统，按原则交易，让系统为你决策，从而避免由于人性弱点造成的情绪化交易。

作为股市交易者，要知道自律和耐心的重要性，因为无论赚了多少钱，如果不能自律，没有理性，迟早会把这些钱还给市场。我个人的大量实战经验表明：坚守规则，保持耐心，就会获得市场奖励！违背原则，急躁冒进，就会受到市场惩罚！不遵守规则，没有耐心，挣来的钱迟早要还给市场。

翟海潮

2024 年 3 月于北京